U0035079

i 世代投資‧3

我是 i 世代 我理財 我有錢
我從 小額學習
easy go!

沒 行 情 ！ 照 樣 賺

5000元開始的

選擇權
投資
提案

賴冠吉 • 著

目錄

目錄

01章

OPTION

選擇權暴紅，
為什麼？

01 為什麼選擇權近年在全世界暴紅？

「買賣選擇權」乍聽之下好難，但事實上選擇權的概念在日常生活的應用很普遍，例如：買車或買預售屋事先預付的訂金、預購熱門商品先付的押金……等等，都是具有「選擇權」特性的買賣行為。

你或許會問，金融商品如此之多，選擇權有甚麼優點與特色，值得學習與投入呢？

▷ 常見投資工具的比較

這裡先對大家熟悉的金融商品做簡單的分析，包括：股票、基金與定存等。

投資工具 ① 股票

股票的買賣金額較大，投資人對於各公司的經營內容、產品、財報、籌碼，都需要花時間進行研究。但以台灣上市櫃公司為例，市場有高達1,500多家以上的企業，要從中選擇股票，就是一件不容易的事；再加上每家公司訊息有時相當紛雜，利多利空消息干擾，要做正確地分析判斷，確實要花相當多精神與時間，所以想在股票上賺錢獲利，是一件不容易的事。

買賣股票需要
一定金額與時間研究

投資工具 ② 基金

基金雖然申購的金額可以隨個人的能力彈性調整，但基金的種類相當繁多，再加上各基金的績效良莠不齊，一般人買基金經常是透過報章雜誌或是理專人員推薦。然而其中基金經理人的操作邏輯與基金持股，因不能即時揭露，所以對於績效的好壞，一般人很難分析與了解。因此，仍需要積極研究基金持股與整體經濟變化，並挑選好的基金與經理人，才能獲利。

**基金種類繁多
買賣需要花時間研究**

投資工具 ③ 定存

定存是一般人最熟悉的投資方式。大家辛苦工作將所賺的薪水，一點一滴慢慢存入銀行，然後賺取銀行的利息。然而，在過去台灣經濟快速發展的時期，因為經濟成長率高，銀行的定存利率高，所以定存所獲取的利息相當不錯。但是，近年來央行維持低利率政策，定存利率相當低，若加上物價指數及通膨，有可能實質的利率是負的，意思就是把錢存入定存也無法獲取實質的利息。

**定存需要一定資金
而且利率低**

▷　選擇權投資特點

從以上的分析來看，需要長時間研究的金融商品都是對於新手投資人比較不適合的。而股票、基金及定存都需要累積資金或是投入時間研究才適合操作的金融商品。

一個新手投資人剛開始要進入市場時最需要的是：資金、研究金融商品的基礎知識、交易流程與邏輯、風險損失控管、投資交易情緒管理等。而選擇權則具有較少的投資金額(低權利金)、較高的獲利空間(高槓桿)、商品特性簡單(選擇權商品規格化)、風險可控制(選擇權買方)等各項優點，是適合新手投資人的商品。

若你剛開始進入投資領域，可以利用選擇權以上的特性進行投資交易。

＊　選擇權的四種投資特性

①	需要的錢可以很少。
①	獲利的空間可以很大。
③	標的可以很簡單：就是指數漲跌。
④	風險可以控制。

據說，韓國的選擇權就像買樂透一樣，十分流行？

韓國於1997年推出KOSPI 200的指數選擇權商品，交易量突飛猛進，以近幾年的資料分析，韓國選擇權交易量全球第一！

▷ **韓國選擇權交易量每日千萬口，全球第一**

由於韓國網路基礎建設完備，電子交易平台普及，一般人在家就可作交易。他們也特別喜歡投資價格便宜的遠期契約，且99％是投資在韓國KOSPI200的股價指數選擇權相關商品。

對韓國人來說，投資選擇權就像買樂透一樣簡單，其交易量每日高達1千多萬口，遙遙領先其他國家選擇權交易量。

台灣從民國90年12月24日期貨交易所正式推出加權指數選擇權，剛開始的前幾年交易量成長也相當快速，以目前(2012年)的交易量而言，每日大約有30～40萬口。

根據美國期貨協會（FIA）統計資料顯示，全世界的期貨與選擇權市場愈來愈熱，近三年交易量，每年成長率都是二位數以上！台灣市場也快速加溫中。

韓國與台灣選擇權交易量大的原因，主要是選擇權商品是針對一般投資人，所以設計的契約值小，門檻低，適合散戶。

同時，因為指數選擇權的價格與變動特性本來就簡單易懂，一般人只要抓住幾個重點，便可以快速的買賣交易，是相當容易上手的金融商品。

以2012/6/5的資料來看，韓國KOSPI200 Options的每日交易量在1200～1500萬口，是相當大的交易量。

＊ 韓國選擇權天天成交量高達千萬口

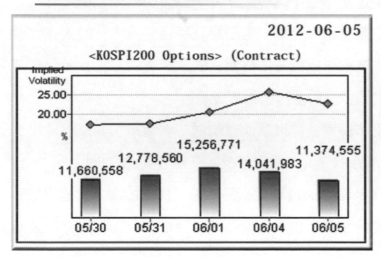

契約值小、變動特性簡單，加上網路完備，讓韓國人特別喜歡投資價格便宜的遠期契約。

Key-Word

韓國的 KOSPI200

韓國綜合股價指數(코스피지수；코스피指數：Korea Composite Stock Price Index；簡稱KOSPI)是韓國交易所的股票指數。指數由所有在交易所內交易的股票價格來計算。

韓國的 KOSPI200為了1996年開放的指數期貨市場和1997年開放的指數選擇權市場所開發的股價指數，由韓國證券交易所內200家具代表性公司的股票市值計算而得。

只有5000元，也能買選擇權嗎？

　　台灣的指數選擇權權利金，若以價平的選擇權一口來估算，買權、賣權大約都在幾10點至100點附近，而台指選擇權點數跳動一點為50元，所以權利金大約在5,000元附近；而若以價外五檔附近為例，其一口權利金估算約在300～500元附近（見附圖）。

　　至於剛開始操作的新手要準備多少權利金呢？

　　建議剛開始操作的新手可以先以不影響生活的金額來規劃，並只進行「買方策略」的操作，先避開風險不易掌控管的「賣方策略」。

　　通常新手會建議以價外兩檔的選擇權為主，例如：2012年10月19日大盤指數是7408點，若要買進買權可以參考7600及7700序列為主。

　　以附圖為例，7600序列權利金點數為43.0點(一口權利金為2,150元)，7700序列權利金點數為22.5點(一口權利金為1,125元)。

Key-Word

什麼叫做「一口」？

選擇權與期貨交易中的一「口」(lot)就是計算期貨與選擇權契約的單位。

跟買進股票幾張的觀念一樣，只是股票通常是用「張」，而期貨、選擇權則是用「口」來稱呼。

什麼叫做「價平、價外、價內」？

選擇權若將標的價格與履約價做一比較，可區分為三種狀況(以買權為例)。

一、價平：標的目前的市價等於履約價。

二、價外：標的目前的市價小於履約價。

三、價內：標的目前的市價大於履約約價。

* 新手可以從價外兩檔做為投資交易「入門款」

台指選擇權現貨 7408.76s ▼56.65 -0.76%

買權Call							2012/11
買進	賣出	成交	漲跌	單量	總量	剩餘:34天	
1120	1260	--	--	0	0	6200	
1020	1160	--	--	0	0	6300	
920	1060	--	--	0	0	6400	
830	955	--	--	0	0	6500	
740	855	--	--	0	0	6600	
635	760	--	--	0	0	6700	
545	660	--	--	0	0	6800	
494	560	500s	▼70.0		73	6900	
401	468	411s	▼62.0			7000	
318	326	322s	▼64.0			7100	價內
242	243	243s	▼54.0	1	1090	7200	
172	173	173s	▼4..	3	2354	7300	
116	117	116s	▼39.0	2	8800	7400	價平
72	73	73s	▼30.0	25	20876	7500	
42.0	43.0	43.0s	▼22.0	2	25117	7600	
22.5	23.5	22.5s			19952	7700	價外
11.5	12.0	11.5s	▼..	1		7800	
6.6	6.7	6.6s	▼3.4			7900	

買一口,要2,150元。

價外一檔

價外兩檔

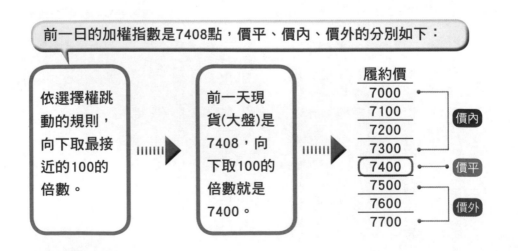

前一日的加權指數是7408點,價平、價內、價外的分別如下:

依選擇權跳動的規則,向下取最接近的100的倍數。 → 前一天現貨(大盤)是7408,向下取100的倍數就是7400。 →

履約價
7000
7100
7200
7300 } 價內
7400 — 價平
7500
7600
7700 } 價外

選擇權會不會比股票難做？

初學者買股票經常有不好的經驗，其中是以下原因造成的。

失敗原因 ① 聽說買進

剛進入股市操作的投資人，因為對於股票產業的研究不了解，加上訊息來源管道封閉，而且對於股票操作邏輯與方法不正確；經常的狀況是聽某某投顧老師、或是某某主力、或是某某老闆、內線、新聞等，不做訊息的分析研究判斷，就瘋狂買進。結果大部分都買在最高點，然後以下跌套牢收場。

失敗原因 ② 追高殺低

初入股市，經常是股市已漲很多過熱時，看到許多人買進然後一窩蜂跟進，這種狀況通常會買在最高點。然後當股市反轉急速下跌時，因怕賠太多就快速賣出，這樣的追高殺低，是股市散戶的寫照。

失敗原因 ③ 套牢攤平

當股市步入中長期空頭走勢時，散戶在長期做多的慣性下，經常套牢了還捨不得賣，更有甚者使用融資操作，下跌過程中因害怕斷頭而一路往下攤平，到最後經常是血本無歸收場。

以上的情形都是大部分投資人剛開始投資股票的真實寫照，如何

擺脫這種困境呢？

　　投資唯一的目的就是獲利。但是股票操作所需要的專業知識與技巧，是需要下工夫研究的。所有投資人都有賠錢的經驗，但是重要的是如何不斷的從失敗經驗中學習改進，才能慢慢進入賺錢的行列。

▷　　**研究多家企業的股票vs只判斷指數漲跌的選擇權**

　　股票的挑選需要相當多的產業基本面知識和籌碼成本分析，初學的投資人要了解相當有難度的。但一般人對於加權指數會較易理解。

選擇權的好處 ① 　策 略 靈 活

　　預期股市上漲，但不願意承擔下挫的損失。那麼應用選擇權就能夠獲取股市上漲時的利潤，並將可能產生的損失鎖定在一定的範圍。

選擇權的好處 ② 　可 控 制 損 失

　　散戶喜歡用融資買股票，但損失的幅度常超出可忍受範圍。應用選擇權能同時有槓桿操作的效果，又可以控制損失風險。

選擇權的好處 ③ 　做 為 避 險

　　股市可能發生短暫的巨幅下跌，若投資人不想賣出手中的持股，應用選擇權避險，可以保護手中的投資組合。

05　保守者適合選擇權嗎？

　　大部分人開始投資理財是拿出一筆存款，選定金融商品後就開始投資操作。當然最保守的金融商品就是定存，但是因為定存利率比通貨膨脹低，所以實質利率是負的。

　　還有哪些投資工具適合保守的投資人呢？

　　報酬與風險是相對的，高報酬就兼具了高風險。然而，衡量風險最重要的精神在於你是使用何種金融工具及操作何種策略所產生的。例如，投資股票若是使用現金買賣即使套牢，只要公司每年都有不錯的配股配息，還是有機會賺回來。但若是使用融資，只要融資維持率低於120%，就會被證券公司斷頭甚至血本無歸。

　　所以投資金融商品真正的風險是來自於所採取的操作策略與方式！若是保守的投資人，基本的概念是要先保存本金或是不會產生超額的損失，但利用融資操作，或買賣期貨，或是採取賣出選擇權策略，這些都有可能產生超額損失，所以，應該選擇操作策略不會產生超額損失的金融商品。而買進選擇權的策略就相當適合保守膽小的人操作，因為買進選擇權的操作策略，最大的損失就是權利金。

　　剛開始交易選擇權時，可先投入小額的權利金，並做好停損停利的設定，風險就可以降到很低。

> 報酬與風險是相對的，選擇權的好處是它可供選擇的策略非常靈活，適合各種不同需求與投資個性的投資人。

選擇權市場是一個零和遊戲的市場。

零和的意思是什麼呢？

舉例來說，有一個交易者Ａ「買進」一口買權，相對的就有另一個交易者Ｂ「賣出」一口買權，交易口數相加起來為零，這就是口數零和的意義。

另外，對於所交易的價格而言，買賣雙方也是相同的。簡單來說，就是當交易者Ａ「買進」一口買權付出權利金50點，相對的另一個交易者Ｂ「賣出」一口買權就收取50點權利金，兩者相加總權利金也是零和。

在這種零和的架構下，當有交易者賺錢，就代表著另外有對應的交易者虧損了相同金額的錢。

Key-Word

零和遊戲(Zero | Sum Game)

零和遊戲(Zero | Sum Game)又稱零和賽局，是博弈的一個概念，指參與博弈的各方，在嚴格競爭下，一方的獲利必然意味著另一方的損失，博弈各方的獲利和損失相加總和永遠為「零」。

也可以說：自己的獲利是建立在他人的損失之上的，二者的大小完全相等，因而雙方都想盡辦法以實現「讓對方損失而自己賺錢」的目標。

07 白天不能看盤可以做選擇權嗎？

　　上班族沒有多餘時間關心股市與財經市場的變化，只能利用下班時間或是上班休息時間關注行情，股市財經資訊與新聞相當多，上班族很難仔細或是全盤的了解所有訊息，因此，上班族需要的是一個已經整合過且有效率的訊息與資料。

　　那種金融商品適合上班族的生活型態？

　　選擇權是一個相當不錯的標的。

　　不過，選擇權依商品及標的不同，價格變化與存續期間也會不同。所以，上班族首先要先確立自己的操作時間週期、邏輯、策略、習性等，才能進行交易。

　　例如：剛開始操作的投資人資金比較少，應以選擇權買方為主，先控管風險；其次，在策略上可以等待「超跌後」進行「買進買權」或是「超漲後」進行「買進賣權」，交易策略選對了，投資人就不會因為短期行情的變化捉摸不定頻繁進出，而浪費了手續費及影響上班情緒。

　　另外，理性的情緒管理很重要。

　　任何的交易都一定要有停損停利的概念，因為沒有市場是會一直漲或是一直跌的，千萬不可以因為一日或是當日瞬間的漲跌影響情緒，而忽買忽賣亂交易一通，沒管理好情緒到可能糊里糊塗的賠上一大筆錢，結果愈心慌愈亂操作，到最後都不知道自己在做甚麼。那就是最不樂見到的事了。

08　做台指選擇權要看哪些指標？

　　台指選擇權不像股票，要在一千多檔股票中選出某一檔或某幾檔，它的焦點就在大盤加權指數。對於台灣加權指數的訊息，最重要的有以下七種訊息，若白天不能看盤的投資人，每天只要利用空暇時間掌握這幾項資訊的變化，就可以著手分析與判斷了。

▷　影響大盤指數必需了解的七項資訊

　　(1)每日加權指數漲跌、成交量變化

　　(2)每日及累計三大法人買賣超(外資、投信、自營商)金額、八大行庫買賣超金額

　　(3)每日及累計借券、還券、借券賣出、融資、融券買賣超金額

　　(4)融資維持率、融券維持率變化

　　(5)全球其他重要國家指數漲跌

　　(6)每日及累計三大法人（外資、投信、自營商）台指期貨買賣超口數及未平倉淨多空口數

　　(7)每日及累計三大法人（外資、投信、自營商）台指選擇權買賣超口數及未平倉淨多空口數

▷　分析與判斷

　　從分析的角度而言，首先以三大法人、融資、融券買賣超金額的多寡來進行分析。例如，若某一天外資賣超120億、投信買超2億、自

營賣超10億，融資買超11億，融券增加1萬張。就當日的變化而言，籌碼是從外資流入散戶與投信，這是散戶攤平成本的操作，通常對後市上漲的趨勢會造成壓力。初步就可以研判後市將朝偏空的市場發展。

　　像這樣，上班族雖然沒有充足的時間專注關心股市與財經變化，但是仍可以利用已經整合好的工具進行分析判斷，也可以提高操作交易的效率。（詳細說明請見第6章）

※ 如何快速找到了解大盤的資訊

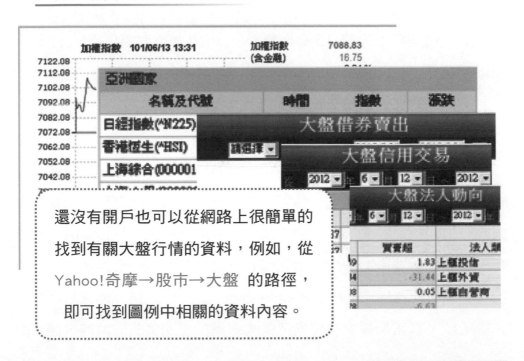

還沒有開戶也可以從網路上很簡單的找到有關大盤行情的資料，例如，從 Yahoo!奇摩→股市→大盤 的路徑，即可找到圖例中相關的資料內容。

09 　　**據說選擇權有非常厲害的策略？**

投資金融商品一定有風險，除了定存（若銀行不倒閉的話）否則投資任何金融商品都一定有風險。

▷ 財務行為中知名的展望理論

大部分投資人都不喜歡風險而喜歡穩定的報酬，舉一個例子說明財務行為中展望理論的運用。

賭局中有二個選擇，第一個選擇：你有90%機會賺到5,000元，10%機會拿到1,000元；而第二個選擇：你是不用賭，就確定可以拿到4,900元，實驗結果大部分人會選擇第二個方案。

另一個情況也是有二個選擇，第一個選擇：你確定會損失2,880元；第二個選擇：你有10%機會翻本，但有90%機會損失到3,000元。結果大部分人都會選擇第二方案。

上述的賭局實驗說明投資人在不同情境下，風險偏好態度會呈現180度改變。

展望理論同時也說明：人的投資行為是「主觀的」，在賺錢獲利時人的投資態度傾向保守，舉買股票為例，投資人在買股票獲利時因擔心股價回檔而賠錢，所以會不斷地買賣股票操作；但投資人在股票套牢時，卻想要豪賭一把，這種面對風險態度的不一致性現象，財務行為學理上稱為偏好反轉(Perference Reversal)。

所以，真正的贏家在於選擇風險報酬相對期望高的策略，簡單的

說就是獲利機率高的策略。

哪些選擇權的操作策略是屬於機率高的獲利策略呢？

▷ 五種選擇權的高獲利策略

選擇權獲利策略① 　大盤超跌時進行「買進買權」策略

股市的漲跌拉長時間來看，總會有高點與低點，當然過去股市高點的循環時間周期較長，以台灣加權指數以前走勢經驗為例，股市的最高點與最低點的時間週期長達十年，但是近年來由於經濟循環周期很短，通常是3～5年，現在更短了，通常2年就已經完成了循環。

巴菲特曾經說過：「人家貪婪時我恐懼，人家恐懼時我貪婪。」這就是說明當股市跌到超跌或是相對低點時，危機也是轉機，是一個買進做多的好時機。

但何時是股市超跌時機點呢？

可以從過去歷史統計為參考。

依過去經驗統計，指數若是從高點下跌15～20%時，通常都會出現反彈或是漲升行情。

所以，當發現股市指數出現這樣的跌幅時，就是可以應用「加權指數超跌，買進買權策略」來賺取獲利(實際應用原則與實例可參考後續章節)。

* **加權指數過去近30年的走勢圖(1982年1月〜2012年10月)**

來源：XQ全球贏家

選擇權獲利策略②　大盤超漲時進行「買進賣權」策略

　　當經濟景氣由谷底翻揚，景氣持續好轉的過程中，加權指數也會反映上漲的情況。不過，有時候由於資金過多或是市場太過樂觀，經常會發生超漲過熱的情況，這時就會有下跌的風險發生。

　　但是何時是股市加權指數超漲過熱的時機點呢？我們可以參考過去的歷史經驗統計，如果指數持續上漲約20〜30%時，股市下跌的風險就會增加。

　　另外，也可以參考其他經濟面的指標，例如：市場股市整體的股價淨值比（依過去經驗若高達2以上通常就表示有過熱狀況）、景氣

燈號，資金面現況M1A、M1B、M2等指標來做一判斷。所以，當股市指數出現這樣的漲幅時，就是可以應用「加權指數超漲，買進賣權策略」來獲利(實際應用原則與實例可參考後續章節)。

選擇權獲利策略 ③　突發事件的大漲大跌策略

事件導向(Event Driven)經常是避險基金使用的操作策略之一，當預期未來可確定時間的重大經濟事件（或是政治事件）將發生時，都可以利用「同時買進買權與賣權(勒式、跨式策略)」進行操作。

舉例來說，近年來最知名的政治事件就是2004年3月19日總統選舉槍擊事件，因總統選舉時間是可以確定的，所以若在選舉前建立「同時買進買權與賣權策略」，當突發的政治事件發生，就可以在價格反應激烈與不理性的過程中獲取利潤。

一般會通稱這種情況為「黑天鵝事件」，也就是非理性預期所發生的突發事件，這種情況市場常常會有超過理性的價格反應，也是獲利的好時機。

選擇權獲利策略 ④　到期日小賭多空策略

台灣加權指數選擇權每月都會有到期日，在到期日前，最接近加權指數的選擇權序列就有履約的機會。通常接近履約序列的選擇權價格在到期日前一天，其價格是相對低的，因為投資人對能不能履約不

能確定。所以，若對多空有自信時，可以利用最後到期日前一天，在最接近履約的買權或是賣權進行買進的操作。

　　當然，這個策略因為隔一天就要履約到期，若沒有履約價值的話，買進的選擇權權利金將完全損失。因此建議操作這個策略時權利金不要投入過多，除非有十分把握。

選擇權獲利策略 ⑤ 天 災 及 非 預 期 之 突 發 事 件

　　天災或非預期的突發事件發生時，通常會有非理性的價格反映，例如：因過高的不合理價格時，有時候會出現價格扭曲的現象。這時候可以進行一些套利交易或是撿便宜的操作，市場通常在不確定性高或是充滿不可知的情形下出現讓投資人賺取暴利的機會。

Key-Word

超額損失（Over Loss）

買賣期貨選擇權的契約後，若因部位的虧損而導致保證金的權益總值變成負數，則稱為超額損失。

融資維持率

融資就是投資人向券商借錢買股票。而融資比率就是以融資買股票時，若自備40%，向券商借60%的資金，但券商會依買進股票的市價評估投資人的每日融資維持率，若維持率低於120%，券商便會向投資人追繳保證金，若投資人無法補足，券商為了維護自己的權益，會在市場上將投資人的股票賣出，這就是所謂的「融資斷頭」。

選擇權的最大風險為何？

選擇權的風險主要是來自於操作的策略，本文針對最大風險的產生做逐一說明，包括① 賣方策略 ②買方策略 ③下單方式。

▷ 三種選擇權策略的風險分析

選擇權風險分析 ① 賣 方 策 略

選擇權的賣方風險主要來自於投資人賣出履約機率較低的買權及賣權。

單純從操作上來看，投資人選擇當賣方，可以收取兩邊（買權、賣權）的權利金，殊不知這是風險很高的策略。

為什麼風險會很高呢？

當你是選擇權的賣方時，雖然可以先收取權利金，但是同時必須兼具履約的責任。

舉例來說，假設加權指數為7180，賣出6700序列的賣權一口其權利金為50點，暫時你所以可以收取50×50＝2,500元的權利金；但是若因突發利空事件，造成加權指數急速下跌至6500點，這時你必須肩負履約價值（6700－6500）×50＝10,000元的履約金。換句話說，你只收取2,500元，但當行情快速下跌至6500點，而你沒有即時出場，留到結算時，反而要賠出10,000元。這裡，還未考慮行情若快速下跌，賣權價格更高時保證金不足的斷頭問題。

所以，單純只做選擇權賣方的策略就像甜蜜有毒的水果，當你吃的時候很甜，但是吃到有毒水果毒性發作的時候就可能粉身碎骨。

目前的大盤指數＝7180點			
選擇權報價			
買權		賣權	
履約價	成交價	履約價	成交價
6400	405	6400	8
6500	332	6500	25
6600	255	6600	41
6700	160	6700	50
6800	140	6800	89
6900	120	6900	121
7000	90	7000	180

目前指數7180點，只要不跌超過6700點，我就能坐收6700點賣權的權利金2,500元(50×50)！
看起來這種生意好像很好做，因為短時間要跌480點機率並不高！

事與願違！

數日後突發利空大盤跌到指數6500點，因為我是賣方，必需兼具履約責任，故在收了2,500元的權利金之外，得同時肩負履約價值（6700－6500）×50＝10,000元的履約金。

選擇權買方策略為「買進買權」或是「買進賣權」，這樣的策略其實最大的風險為所付出的權利金。例如：買進履約價7000的買權其價格為125點，則權利金為125×50＝6,250元，若到期時加權指數為6900點，則權利金6,250元就全部損失掉了。所以，選擇權的買方策略最大的風險，就是全部權利金的金額。

買進序列7000履約價的買權，權利金為125×50＝6,250元。

選擇權報價			
買權		賣權	
履約價	成交價	履約價	成交價
6900	201	6900	41
7000	125	7000	50
7100	101	7100	89
7200	80	7200	121

事與願違！

到期日加權指數沒有超過7000點，比方說跌到6900點，那麼，原先支付權利金6,250元就全部歸0。

選擇權風險分析 ③ 　下單方式

選擇權交易下單方式也有一些風險。下單方式有人工電話下單與網路下單，因人工電話下單的手續費高，所以一般人都會使用網路下單。但是網路下單就潛藏著一些風險，尤其是當你要買比較價外的選擇權時，因交易量小這時就不能用市價單進行交易，因為很有可能單交易會發生價格偏離過多，甚至數量也變大的情形，而且使用市價單交易更容易造成價格成交偏離過大而產生巨大損失。

下單風險實例：

一般投資人在進行選擇權交易的時候，期貨商的保證金系統會先檢查客戶的保證金是否足夠才接受下單。但是過去有些投資人卻發生因市價單交易而產生巨大虧損的例子。

這些狀況是如何發生的呢？以下舉一個發生的案例：

在2011年X月21日(五)小陳(代名)使用網路市價下單買進1,000口履約價8100的賣權，但是因為太過於價外選擇權交易量本身就比較少價格而且價格低，所以瞬間連續價格成交，但成交價格卻從3.5點至630點(選擇權每點50元)！

以當時履約價8100賣權，合理價位在3～5點之間，也就是每口150～250元，期貨商的交易系統估算1000口所需的保證金約為150,000～250,000元，他的保證金戶頭約為30幾萬是足夠下單的。但

是小陳因為使用市價單下單，意即是只要有價格與數量，就會連續成交到買完1000口賣權為止。

當小陳以市價下單買進時，因為市場上履約價8100點的賣權在3～5點的價位數量不多，電腦在成交完既有的數量後，就開始成交價格更高的賣權，一瞬間，小陳買到的價格已經一路從3點、5到，一路買到630點，總成交金額高達990多萬元。成交完1000口的賣權後，由於價格偏離合理價格過多，市場馬上又回復到合理價格的3點、5點。

這個實例說明雖然投資人採取買方策略，但使用市價單下單方式錯誤，也會導致巨大的虧損。

事實上，為了管控風險，主管機關從2006年9月1日起，已將流動性較差之商品，如電子選擇權、金融選擇權、個股選擇權、摩台選擇權限制不能委託市價單。

自2011年1月27日起變更為：台指選擇權開放近一月可下市價單，同時每月10日起也開放次一月台指選擇權市價單且可委託市價單的選擇權，單筆口數上限為20。惟若台指選擇權近一月份深度價外權利金較低的商品，當即時價權利金低於10點時，不含10點，亦不能委託市價單組合單若有一腳是在限制市價的情形下，也不能委託市價單。換言之，僅有近一月份和每月10日起次月份的限價點數控管以上的台指選擇權，才能委託單筆最多20口之市價單。另開盤前不接受客戶委掛選擇權商品的市價單(開盤前委掛選擇權商品僅能以限價單委託)。

02章

OPTION

認識
選擇權

01　　　**據說選擇權起源於荷蘭的鬱金香？**

　　歷史上最早利用選擇權概念的交易形式，是17世紀初期荷蘭鬱金香球莖交易。

　　17世紀鬱金香是貴族身分的象徵，造成大家瘋狂買進，同時在商人、農人及投機客大量炒作下，鬱金香價格快速上漲。當時一朵鬱金香花根售價相當於今日的76,000美元，貴得不可思議。因無法應付突來的買進數量，所以商人便與種植的農夫約定未來買進的價格，也就是商人付出權利金給農夫，以保障可以在未來取得鬱金香。

　　然而當鬱金香狂熱退潮，價格崩跌之際，因為缺乏健全的市場交易及履約的機制，選擇權賣方拒絕履約，於是，鬱金香選擇權交易市場在1636年宣告瓦解。

　　18世紀時，美國及歐洲相繼出現較有組織的選擇權店頭交易(Over-the Counter)，主要以農產為標的物，但是也因為欠缺健全的規範，市場仍呈現混亂的局面。

　　19世紀初時，美國開始出現以股票為標的的選擇權交易，但市場仍相當紊亂。

　　直到1934年，美國證券交易法(The Securities and Exchange Act of 1934)頒佈施行，才將選擇權交易納入證管會的管理範圍，部分經紀商並籌組協會，建立店頭市場的報價與交易體系，惟交易仍侷限於少數交易商之間的店頭買賣，並未有明顯的交易量。

　　隨著選擇權交易量1950、60年代逐漸增加，為降低成本並建立有

效率的市場，芝加哥期貨交易所(Chicago Board of Trade, CBOT)的會員在歷經五年的研究之後，於1973年4月26日成立芝加哥選擇權交易所(Chicago Board Options Exchange, CBOE)，此時才正式建立全球第一個選擇權集中交易市場，但初期僅推出16檔股票選擇權的買權。

目前全球主要的選擇權市場為韓國、印度、歐盟、美國、台灣等，而其中韓國的KOSPI 200指數選擇權是成交量最大的，其整體交易量高達35億口。

韓國的選擇權之所以發展蓬勃，原因包括：建構高速網路下單的平台、選擇權的契約市值低，韓國交易所所研發的券商交易平台，降低了期貨商的成本等等，另外期貨商研發的下單軟體(HTS：Home Trading System)快速有效率也功不可沒。

Key-Word

選擇權的各項組成要件

選擇權是一種權利，有買賣雙方、約定的買賣標的(例如：股票、指數、商品、期貨、原油、金屬、利率、債券、其他等)、約定的訂金(權利金)、約定的日期、約定的價格及履約方式。

02 **選擇權的買方與賣方是什麼意義？**

選擇權是一種可以選擇履約或是買賣的權利，也是一種契約。

選擇權的買方在付出權利金後，有權利在未來約定的標的(Underlying)、日期及履約價格進行履約或是買賣。

舉一個日常生活經常遇到的例子：一般人要買房子，若是買預售屋，首先要先繳交訂金(相當於選擇權買方的權利金)，然後與建商約定三年(相當於選擇權的存續期間)後交屋，並約定未來每坪的價格為多少(相當於選擇權的履約價格)。

因此，若未來價格往上漲，買方仍可用約定的價格購買，這就是選擇權的概念。

▷ 買方的權利

買方於購買預售屋時，依下列的程序可以完成簽約——

(1)決定何種房屋(2)決定買進的未來房價(3)決定交屋日期(4)決定付出訂金的金額(5)付出訂金。

因此，在選擇權的市場中，買方在付出權利金後，便擁有選擇履約與買賣的權利。

買方享受選擇權的權利，但並無履約的義務，也就是說，買方可以選擇在獲利的情況下進行履約或是買賣；但是若放棄履約，便會損失所付出的權利金。

* **選擇權的交易概念就像買預售屋一樣**

預售屋交易

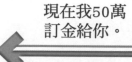

現在我50萬
訂金給你。

三年後，
我以每坪50萬
價格賣給你。

賣方：建商

買方：購屋者

選擇權交易

現在我125點
權利金給你。

賣方：
賣出選擇權的投資人

20天後，
我擔保你可以7000
點履約的權利。

買方：
買進選擇權的投資人

▷ 賣方的義務

　　賣方於賣出預售屋時，依下列的程序可以完成銷售——

　　(1)決定賣出何種房屋(2)決定賣出的未來房價(3)決定交屋日期(4)決定收取訂金的金額(5)收取訂金。

　　在選擇權的市場中，賣方的責任是在賣出商品收取權利金之後，要負履行買方履約與買賣權利的義務。

　　也就是說，賣方將收取買方所支付的權利金，但當買方要求履約時，賣方有義務須依履約條件執行。

　　為避免賣方有違約的疑慮，所以依規定，擔任選擇賣方須先繳交一定的保證金或擔保品。

▷ 訂金(權利金)

　　買方在購買預售屋時就必須先支付訂金給賣方，以取得未來買房子的權利。至於訂金(權利金)到底需要多少，是要依據未來價格(履約價)、權利存續時間、利率、市價、價格波動程度等因素來決定。所以，權利金(也就是選擇權的價格)，會隨著時間而遞減。

▷ 選擇權利的期間

　　買方在購買預售屋時，賣方會約定交屋時間，從購買至交屋這段期間，又稱為權利期間或存續期間。

選擇權距到期日存續期間愈長，價格就愈高；相反的選擇權愈靠近到期日，價格就愈低。舉例來說，以履約價7000序列的各月份價格來看，愈遠月份選擇權價格愈高。

例如：同樣是7000序列的契約，8月買權履約價7000序列的契約，只要花8,650元(173點×50元)；但如果我買2012年9月同樣是9月買權履約價7000序列的契約，則必需要付11,300元(226點×50元)，依此類推。

履約價：7000

買 權

月份	時間	愈遠月愈貴	成交價	買價	賣價	漲跌	總量
2012/08	13:44		173	172	174	▽54	6409
2012/09	13:41		226	224	227	▽44	373
2012/10	13:42		259	254	269	▽54	24
2012/12	09:59		342	335	355	▽52	2
2013/03	11:12		430	420	435	▽30	1

資料來源：Yahoo！奇摩→股市→期貨→指數選擇權

選擇權的存續期間對於選擇權的價格有很大的影響，隨著時間一天一天的往前，距到期日越來越近時，選擇權每天都會損失時間的價值。

尤其在最後一個月接近到期日時價格與時間的變化程度會變大，猶如附圖所標示。選擇權的價格，初期價格變化還不大，但進入最後

一個月，甚至接近到期日時，價格的變化會非常劇烈。因此，交易選擇權，必須特別注意時間價值的遞減速度。

＊ 選擇權時間價值遞減圖

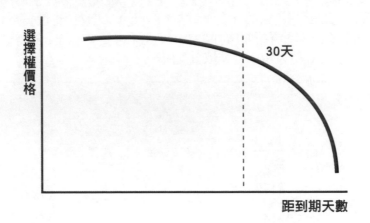

選擇權價格

30天

距到期天數

Key-Word

選擇權的契約月份

台指選擇權依契約序列的安排，同時近月遠月的契約有三個月契約及兩個季月契約存在，最短的契約為一個月，最長的契約為九個月，所以相同履約價選擇權最遠契約的選擇權價格最高，最近契約的價格越低。

選擇權市場過去未有交易所機制而容易發生問題。後來有專責的結算機構買賣雙方皆有保障。選擇權市場主要是由下列參與者組成。

一、主管機關

由「金融監管委員會的證券期貨局」負責管理及監督。

二、期貨組織

期貨公會為期貨選擇權市場的自律組織,主要是辦理會員證照登錄、期貨公司場地勘查、期貨從業人員教育訓練等等。

三、交易所、結算所

交易所的責任是將期貨選擇權商品契約化,並規劃掛牌交易,提供穩定交易平台。台灣期貨交易所也擔任交割結算之功能。

四、交易商

期貨公司提供交易人進入選擇權市場的交易平台。國內期貨選擇權交易商共有:專業期貨公司、兼營期貨公司及期貨交易輔助人。

五、法人

主要為:外資、期貨自營商、投信及期貨經理。其中,外資主要

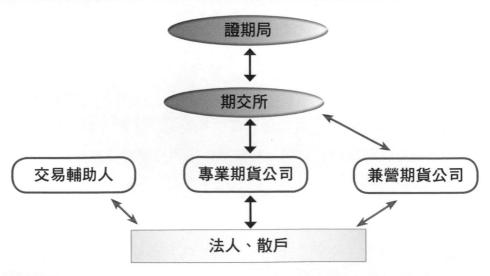
以避險套利交易為主；期貨自營商以造市功能為主；投信是以基金的方式進行期貨選擇權交易；期貨經理主要是以代操期貨選擇權為主。

六、期貨顧問商

期貨投顧除提供期貨選擇權市場訊息及方向外，對於方向性交易、程式交易、避險交易、策略交易提供專業的顧問服務。

七、一般投資人

一般投資人交易選擇權主要以方向性投資交易為主，另外也有一些專業投資人會進行策略性的交易。

選擇權市場運作圖

```
          ┌──────────────┐
          │    證期局     │
          └──────────────┘
                 ↕
          ┌──────────────┐
          │    期交所     │
          └──────────────┘
          ↕              ↖
┌────────┐  ┌──────────┐  ┌──────────┐
│交易輔助人│  │專業期貨公司│  │兼營期貨公司│
└────────┘  └──────────┘  └──────────┘
      ↖          ↕          ↗
      ┌────────────────────┐
      │      法人、散戶      │
      └────────────────────┘
```

05　買賣選擇權要付多少稅金和手費續？

　　買賣選擇權主要有兩部分的交易費用：(1)交易稅(2)手續費，這是交易選擇權必須花費的成本。

▷　**交易稅**

　　台指選擇權的交易稅是按每次交易權利金的金額課徵，稅率為單邊各千分之一；買賣雙方交易人若在到期時履約結算差價，則按到期結算價，以十萬分之四課徵交易稅。

(1)交易稅－－一般交易的情況

　　若交易人以100點的權利金買進一口台指選擇權，應繳的交易稅為100點×50(元/每點)×1/1000＝5元。

　　若該交易人以200點的權利金賣出原先買進的部位，則應再繳交易稅為200點×50(元/每點)×1/1000＝10元。

(2)交易稅－－到期結算的情況

　　若交易人在到期前沒有沖銷持有的部位，而是一直持有部位直到到期時履約，假設到期結算價為7000點，那麼到期履約應繳的交易稅為7000點×50(元/每點)×4/100000＝14元(四捨五入至整數)。

▷　**手續費**

買賣交易選擇權的手續費是各家期貨經紀商收取的，買與賣的交易都要收取一次的手續費。

台指選擇權的下單方式可分為人工電話下單與網路下單，而這兩種接單方式的手續費也有所不同。通常人工電話下單的費率較高(一口約為60元)，但是網路下單費率較低(一口約為40元)。所以，交易選擇權一買一賣採用網路下單的手續費大約要80元(40元×2)，對於頻繁進出的投資人來說是筆不小的支出。

當然，手續費費率的高低其實是跟交易量有關，如果交易量顯的投資人，可以向期貨公司爭取較低費率；但若交易量不大，就只能接受期貨公司所開出的一般收費標準。

Key-Word

選擇權市場有哪些契約？

台灣選擇權市場的商品與契約主要有台指選擇權、電子選擇權、金融選擇權、非金電選擇權、黃金選擇權、櫃買選擇權、股票選擇權等，其中以台指選擇的交易量最大。

06　期貨、選擇權與認購售權證之異同？

　　期貨、選擇權與認購權證，在基本上都是具有槓桿效果的衍生性金融商品，以下就結算方式、權利金（保證金）、契約及履約方式作一比較說明。

(1)結算方式：

　　選擇權標的物交割價格(即履約價格)之訂定，係由交易所依特定原則訂定；權證之交割價格則由權證發行者所訂，價格在契約存續期間並不會改變；至於期貨契約的結算價格是由市場供需決定，價格會隨市場狀況改變。

(2)權利金：

　　選擇權與權證市場上由買賣雙方決定的是權利金，並非標的物之結算價格。

　　選擇權與期貨均無所謂之發行者，於市場之流通數量並無限制，只要有買方與賣方成交，即可產生部位；而權證必須由具備一定條件之機構發行，其發行數量有限(依法規規定)，不能無限制的發行。

(3)契約規格：

　　選擇權與期貨契約之到期月份係由交易所訂定，一般而言，到期月份多為二、三個近月加若干季月，最長存續期間多為一年以內(部份

交易所亦推出期限超過一年之長期選擇權）。認購(售)權證之期限由發行券商訂定，其存續期間多半為半年至一年。

(4)履約模式：

選擇權與權證之買方均擁有權利，可選擇是否履約。選擇權負有履約義務者為賣方，權證則是由發行者負擔履約義務，必須依買方之要求履行交割義務。而期貨部位一旦建立，在未沖銷前，買賣雙方均有義務履行契約所訂之內容。

權證一經發行，於次級市場所流通者，僅有權利之移轉，至於義務之主體仍為發行者；選擇權市場中，任何人只要建立賣方部位，即必須承擔履約之義務。

選擇權與權證契約賦予買方權利，此一權利有其代價，買方須支付予賣方，即為權利金，也就是選擇權或權證契約的價值，此外，因選擇權賣方負有履約義務，故賣方須繳交保證金以為履約之保證，而權證之義務由發行人負擔，發行人必須具備相當之條件，且必須持有一定數量之標的物以為履約準備，惟並不需要繳交保證金。期貨契約成交時，買賣雙方並無金錢之移轉，所繳交之保證金係作為履約之保證，且買賣雙方均須繳交。

選擇權掛牌時，除了不同到期月份外，尚有不同的履約價格，且於契約存續期間若標的物價格波動至一定程度，須加掛新的履約價

格，加上買權與賣權之分別，同時掛牌之契約數量將非常多。權證雖亦有到期月份與履約價格之不同，但其履約價格與到期月份於發行時即已確定，不會隨標的物價格不同而增加，且一檔權證發行時，通常僅有一個到期日與一個履約價格(即一個序列)，可視為一檔個股，相同標的物之契約數量不會太多。而期貨掛牌時，僅有到期月份之差異，其契約數量亦較有限。

選擇權的賣方以及期貨之買賣雙方因均負有履約之義務，故繳交保證金以為履約之保證，惟保證金額度多以涵蓋一日最大損失為限，金額較低，故須每日進行結算，於保證金額度低於一定程度時即須補繳保證金。權證之義務由發行券商負擔，必須持有一定數量之標的物方能發行，並未繳交保證金，所以也不須進行每日結算。至於選擇權與權證之買方，於繳付權利金之後便無任何義務與風險，自然不須進行每日結算。

期貨、選擇權與認購(售)權證這些衍生性金融商品，其價格行為的相同處為具有高槓桿、保證金、權利金的交易方式，而其他的比較方式可以從下表作一比較。

▶ 選擇權、認股權證與期貨之特性比較表

	選擇權	認股權證	期貨
交割(履約)價格	由交易所訂定	發行券商訂定	於市場依買賣結果決定
到期期限	有近月及遠月契約，存續期間多半在一年以內	多為一年以上	有近月及遠月契約，存續期間多半在一年以內
權利金	權利金，買方支付給賣方	權利金，買方支付給賣方	無
保證金	賣方繳交	無，但發行券商必須具備一定資格，且持有一定數量之標的物以為履約準備	買賣雙方均須繳交
發行量	無限	依發行券商所發行之數量	無限
權利主體	買方	買方	買賣雙方
義務主體	賣方	發行券商	買賣雙方
契約數量	不同履約價格與到期月份組成眾多契約，且會根據標的物價格之波動增加新的履約價格	發行時通常只有單一履約價格及到期日，不會隨標的物價格之波動而增加	僅有不同到期月份之分別
每日結算	針對賣方部位須進行每日結算	無	買賣雙方之部位均須作每日結算

選擇權依照契約的項目內容及契約設計，有五項因素是影響價格漲跌的關鍵，分述如下：

▷ 影響選擇權價格的五個重要因素

影響選擇權價格因素 ① 連結標的

選擇權價格受標的價格漲跌影響，當標的現貨價格上漲，買權必跟著上漲；相對的賣權價格則下跌。例如：台灣加權指數選擇權所連結的標的就是加權指數，當台灣加權指數上漲，買權可履約的機會變高，所以買權價格必會跟著上漲；相對的，當台灣加權指數下跌，買權可履約的機會變低，所以買權價格必會跟著下跌。

▶ 加權股價指數上漲，買權價格也上漲(以2012/8/6行情為例)

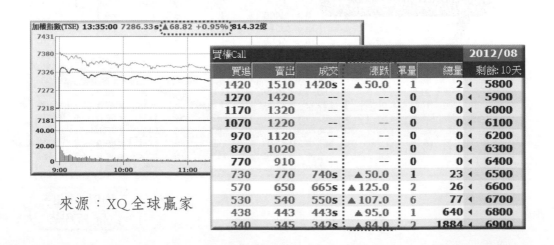

來源：XQ全球贏家

影響選擇權價格因素 ② 履約價格

履約價格高低影響可履約的機率，當然也影響選擇權的價格。

若以履約價格的高低來衡量，履約價格低(可履約的機率高)的買權其價格(權利金)相對較高，因為選擇權買方有比較大的機會以較低價格買進的權利(意即中獎機會高)；相反的，一個高履約價的賣權(可履約的機率高)價格也相對高。

例如：當台灣加權指數約為7286點，而序列7200的買權因履約價比台灣加權指數低，所以買權價格較高；而序列7400的賣權因履約價比台灣加權指數高，所以賣權價格較高。

買權Call						2012/08	賣權Put					
買進	賣出	成交	漲跌	單量	總量	剩餘:10天	買進	賣出	成交	漲跌	單量	總量
1420	1510	1420s	▲50.0	1	2	5800	0.1	0.3	0.3s	▲0.2	6	26
1270	1420	--	--	0	0	5900	0.1	0.3	0.3s	▲0.2	2	2
1170	1320	--	--	0	0	6000	0.2	0.4	0.5s	▲0.3	1	13
1070	1220	--	--	0	0	6100	0.4	0.6	0.5s	▲0.1	1	132
970	1120	--	--	0	0	6200	0.5	0.8	0.7s	▼0.2	1	1306
					0	6300	0.9	1.0	1.0s	0.0	1	1610
778					0	6400	1.1	1.3	1.3s	▼0.3	55	3929
730	770	740s	▲50.0	1	23	6500	1.3	1.5	1.4s	▼0.8	30	3664
570	590	665s	▲125.0	2	26	6600	1.5	1.9	1.9s	▼0.7	5	6167
530	550	550s	▲107.0	6	77	6700	2.0	2.3	2.3s	▼1.7	6	5645
438	44	443s	▲95.0	1	640	6800	3.1					4656
340	345	342s	▲84.0	2	1884	6900	4.8					2533
247	248	248s	▲75.0	2	5035	7000	11.0	11	11.5s	▼20.0	10	36383
160	161	160s	▲59.0	1	17232	7100	24.0	24.5	24.5s	▼37.5	11	45235
90	91	90s	▲37.0	1	40529	7200	53	54	53s	▼60.0	5	40048
41.0	42.0	41.0s	▲18.5	30	65628	7300	103	104	104s	▼78.0	1	31729
16.0	16.5	16.0s	▲7.4	20	66378	7400	179	180	178s	▼88.0	3	7259
6.2	6.3	6.2s	▲2.7	1	42391	7500	265	270	270s	▼87.0	1	866
2.1	2.2	2.3s	▲1.1	1	8098	7600	360	368	359s	▼43.0	1	195

7200序列的買權90點

現在大約7,286點

7400序列的賣權178點

來源：XQ全球贏家

影響選擇權價格因素 ③ 存續期間

存續期間就是選擇權契約離到期日的時間。可履約的權利期間愈長，買權和賣權兩種權利可行使的時間變長，當然權利金自然要多付，這是理所當然的。每天的價值我們會稱為時間價值，若距離到期日越長，時間價值就越高。

商品 TXO 台指 ▼	7200 ▼			加權指數	7,286.33 ▲ 68.82	0.95% 成交金額(億)			814.32
買權							**賣權**		
03月	12月	10月	09月	08月	商品月份	08月	09月	10月	12月	03月
385.00	280.00	210.00	154.00	90.00	成交價	53.00	155.00	208.00	318.00	446.00
▲ 61.00	▲ 42.00	▲ 45.00	▲ 36.00	▲ 37.00	漲 跌	▼ 60.00	▼ 61.00	▼ 60.00	▼ 53.00	▼ 51.00
356.00	271.00	186.00	151.00	90.00	買 價	53.00	153.00	206.00	316.00	442.00
382.00	285.00	201.00	155.00	91.00	賣 價	54.00	159.00	217.00	333.00	468.00

同樣是7200序列，距離到期日越長，價格就愈貴(時間價格越高)。

影響選擇權價格因素 ④ 波動率

當連結標的的波動性愈大其選擇權的價格就愈高，因為波動率越高表示可履約機率可能增加，所以選擇權價格也會變貴。

當波動率上升時，選擇權價格隨著增加；當波動率下降時，選擇權價格隨著減少。

波動率簡單區分為標的之「歷史波動率」與選擇權之「隱含波動率」，前者是利用標的過去歷史價格計算其波動率，後者是利用選擇

權市場價格加上理論模型(Black Scholes Model)反推導出來的波動率。

　　上述兩者波動率有其參考的意義，可以透過這些波動率的變化了解市場的波動情況。

▶ **台指選擇權波動率指數**

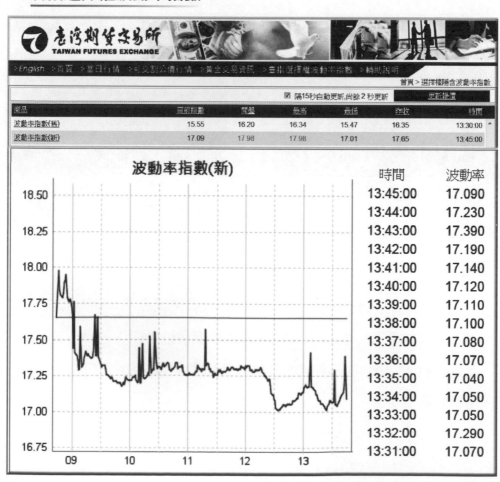

影響選擇權價格因素 ⑤ 無風險利率

　　無風險利率對選擇權的影響為當利率越高時，履約價格經折現後價值會愈低，因此對買權的影響是價格變高；對賣權的影響是價格變低。無風險利率對於選擇權價格的影響力是上述因子中較小的，除非無風險利率產生非常大的變動才有影響，這種情況實務上較少發生。

影響因素	買權買權	賣權賣權
① 目前價格S	＋	－
② 履約價格K	－	＋
③ 無風險利率R＋	＋	－
④ 權利期限T	＋	＋
⑤ 波動性σ	＋	＋

註：「＋」代表正相關；「－」代表正相關。

Key-Word

無風險利率

無風險利率指的是風險較低的投資工具。例如：政府公債、國庫券、銀行存款……等等皆是屬於無風險利率。

以美國為例，無風險利率就是國庫券利率；以台灣為例，無風險利率可以用一年期定存利率為基礎。

3章

OPTION

看報價
學交易

Question 01 選擇權的報價資訊?

麗麗聽朋友說選擇權不錯，興沖沖的上網想要先看看價格，但好不容易找到選擇權的報價，上網點來點去，還是搞不清楚選擇權的報價怎麼看？另外，她心中更疑惑的是，為什麼有很多選擇權的報價數字都是「－」呢？這到底怎麼回事？

以下，以投資人常用的Yahoo！奇摩的「股市」為例，一邊看行情一邊做說明。

STEP 1 連上「奇摩」→點「股市」

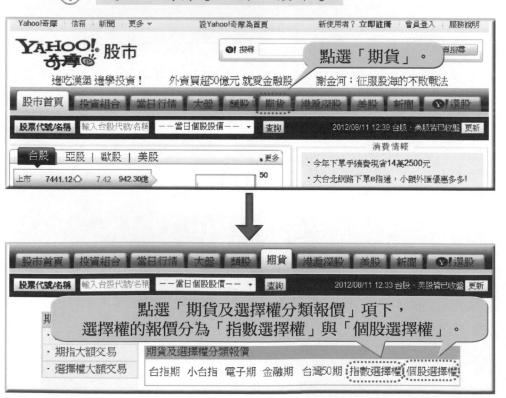

STEP ② 點選「指數選擇權」看一看

選擇權報價： 指數選擇權　個股選擇權

台指　依履約價排序／依月份排序　　　　　　　　　　　　資料日期：101/08/10　台指選擇權　查詢

月份：2012/08

履約價	時間	成交價	買價	賣價	漲跌	總量	履約價	時間	成交價	買價	賣價	漲跌	總量
			買權							**賣權**			
5800	—	—	1600	1690	—	—	5800					0.1	65
5900	—	—	1500	1590	—	—	5900						28
6000	—	—	1400	1490	—	—	6000						51
6100	—	—	1300	1390	—	—	6100						33
6200	—	—	1200	1290	—	—	6200						8
6300	—	—	1100	1190	—	—	6300						392
6400	—	—	990	1090	—	—	6400						1585
6500	—	—	890	985	—	—	6500						3631
6600	10:50	855	830	900	△25	29	6600						3045
6700	13:44	750	740	750	0	16	6700						1195
6800	13:12	630	635	650	▽15	32	6800						1394
6900	13:44	550	535	550	△5	193	6900	13:44		1.2	1.2	1.3 ▽0.4	3310
7000	13:44	445	442	450	△3	646	7000	13:44		1.4	1.4	1.5 ▽0.6	8460
7100	13:44	346	345	347	△3	2633	7100	13:44		2	2	2.1 ▽0.7	6491
7200	13:44	247	247	248	△3	4845	7200	13:44		3.3	3.3	3.4 ▽2.2	18639

> 台指選擇權不管「買權」還是「賣權」，成交量都不低，說明交投熱絡。

「指數選擇權」不只有「台指」，還有「金融指數」與「電子指數」，但相對於「台指」，金融指與電子指的成交量都不大。

STEP ③ 點選「金融指」看一看

選擇權報價： 指數選擇權　個股選擇權

金融指　依履約價排序／依月份排序　　　　　　　　　　　101/08/10　台指選擇權　查詢
電子指選擇權
金融指選擇權
台指選擇權

月份：2012/08

履約價	時間	成交價	買價	賣價	漲跌	總量	履約價	時間	成交價	買價	賣價	漲跌	總量
			買權										
600	—	—	161	254	—	—	600						
620	—	—	142	244	—	—	620				0.12	—	
640	—	—			—	—	640			—			
660						—	660			—			
680						—	680			0	0.12		
700						—	700			0	0.12		
720						—	720			0	0.12		
740	—	—	60.2	115	—	—	740			0.02	0.12		
760	13:17	50.2	9.5	52.6	▽6.8	2	760			0.02	1.6		
780	12:09	31	31.2	32.4	▽4.4	7	780			0.14	0.6		
800	13:37	14.4	13.6	14.6	▽2.6	43	800	11:09	3.5	2.7	3.1	△1.3	12
820	13:44	3.4	2.4	3.6	▽2.4	173	820	13:40	12	11.8	12.8	△0.2	14
840	12:46	0.6	0.3	0.74	▽0.48	1	840	09:23	30.2	28	30	△8.4	1
860			0.02	0.86	—		860	—	—	47.6	49.4	—	

> 台灣目前有三種指數選擇權可交易。

> 金融指與電子指的成交量並不大。

STEP ④ 點選「個股選擇權」看一看

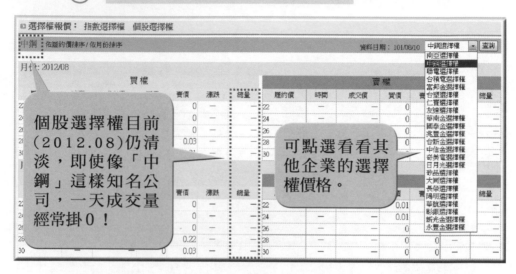

　　台指選擇權可交易的標的，除了該月份的之外，還有其他月份的契約。例如，現在是8月份，我也可以交易9月份、10月份等的契約。

STEP ⑤ 點選「依月份排序」看一看

選擇權報價： 指數選擇權　個股選擇權

台指　依履約價排序 / 依月份排序　　　　　　　　　資料日期：101/08/10　台指選擇權　查詢

履約價: 7300

| | 買權 | | | | | | | 賣權 | | | | | |
月份	時間	成交價	買價	賣價	漲跌	總量	月份	時間	成交價	買價	賣價	漲跌	總量
2012/08	13:44	155	154	155	0	18994	2012/08	13:44	9.1	9	9.1	▽5.4	38621
2012/09	13:44	217	216	217	△6	1000	2012/09						795
2012/10	13:18	245	250	260	▽5	22	2012/10						8

履約價: 7400

| | 買權 | | | | | | | 賣權 | | | | | |
月份	時間	成交價	買價	賣價	漲跌	總量	月份	時間	成交價	買價	賣價	漲跌	總量
2012/08	13:44	75	74	75	▽4	41275	2012/08	13:44	30	30	30.5	▽8.5	49530
2012/09	13:44	157	156	158	△1	1779	2012/09	13:44	150	150	152	▽9	1347
2012/10	13:39	203	196	204	△1	44	2012/10	13:44	212	210	224	▽8	41
2012/12	13:21	279	286	297	▽6	10	2012/12	13:05	340	323	342	▽5	5
2013/03	13:32	377	379	400	▽2	18	2013/03	13:32	460	452	481	△3	18

同一個履約價，不同月份有不同報價，均可進行交易。

02 台指選擇權契約的內容？

　　台指選擇權是一個定型化的契約商品，儘管投資人買、賣時，不會實際拿到實體的「契約」，但從契約內容中卻可了解相關交易的規則，以下是台指選擇權契約的規格。為讓讀者更進一步了解契約內容與交易規則細節，需要深入解析的項目，將在下一節起逐項說明。

▶ **台指選擇權契約的規格**

交易標的	台灣證券交易所發行量加權股價指數
中文簡稱	台指選擇權(台指買權、台指賣權)
英文代碼	TXO
履約型態	歐式(僅能於到期日行使權利)
契約乘數	指數每點新台幣50元
到期月份	自交易當月起連續3個月份，另加上3月、6月、9月、12月中兩個接續的季月，總共有5個月份的契約在市場交易。

履約 價格間距	❶履約價格未達3,000點：近月契約為50點，季月契約為100點。 ❷履約價格3000點以上，未達10,000點：近月契約為100點，季月契約為200點。 ❸履約價格10,000點以上：近月契約為200點，季月契約為400點。 
契約序列	新到期月份契約掛牌時及契約存續期間，以前一營業日標的指數收盤價為基準，依履約價格間距，向上及向下連續推出不同之履約價格契約至滿足下列條件為止： ❶交易月份起之3個連續近月契約，最高及最低履約價格涵蓋基準指數之上下15%。 ❷接續之2個季月契約，最高及最低履約價格涵蓋基準指數之上下20%。
權利金 報價單位	報價未滿10點：0.1點(5元)。 報價10點以上，未滿50點：0.5點(25元)。 報價50點以上，未滿500點：1點(50元)。 報價500點以上，未滿1,000點：5點(250元)。 報價1,000點以上：10點(500元)。
每日漲跌幅	權利金每日最大漲跌點數以前一營業日台灣證券交易所發行量加權股價指數收盤價之7%為限。

部位限制	交易人於任何時間持有本契約同一方之未了結部位總和,不得逾期交所公告之限制標準 。 所謂同一方未了結部位,係指買進買權與賣出賣權之部位合計數,或賣出買權與買進賣權之部位合計數 。 法人機構基於避險需求得向本公司申請放寬部位限制 。 綜合帳戶之持有部位不在此限。
交易時間	本契約之交易日與台灣證券交易所交易日相同。 交易時間為營業日上午8：45～下午1：45。
最後交易日	各契約的最後交易日為各該契約交割月份第三個星期三。
到期日	同最後交易日。
最後結算價	以到期日台灣證券交易所當日交易時間收盤前30分鐘內所提供標的指數之簡單算術平均價訂之。其計算方式,由期交所另訂之。
交割方式	符合期交所公告範圍之未沖銷價內部位,於到期日當天自動履約,以現金交付或收受履約價格與最後結算價之差額。 

Question **03**　　**台指選擇權的交易標的？**

　　台指選擇權的交易標的是「加權股價指數」，那是什麼呢？

　　早期在交易所上市掛牌公司不多，但是隨著時間拉長，掛牌上市公司增加，為了讓大眾更容易了解整體股市漲跌的狀況，於是編製了加權股價指數。

　　所以，簡單來說，加權股價指數就是「一籃子」的股票，而這「一籃子」的股票在加權指數所佔的重要性乃依個股市值比重加權計算。因此，個別股票的發行量乘上市價，若其市值很大，佔加權股價指數的比重就很大，相對的，若市值小佔加權股價指數的比重就小。

　　換句話說，市值愈大的企業，上漲一塊錢跟市值小的企業上漲一塊錢，對加權股價指數的「影響力」是不同的。

　　以2012年10月19日交易所公布的台股前十大市值企業為例，雖然台股有1、2千檔股票，但前十大企業的市值就佔了大盤的35.3%，由此可知，市值大的權值股對指數的漲跌有相當的影響力。

* **台股加權股價指數成分股暨市值比重**(2012.10.19)　　　資料來源：台灣期貨交易所

排行	證券名稱	市值佔大盤比重	排行	證券名稱	市值佔大盤比重
1	(2330)台積電	10.9%	6	(1303)南亞	2.1%
2	(2317)鴻海	4.9%	7	(2454)聯發科	2.1%
3	(6505)台塑化	3.9%	8	(1326)台化	2.0%
4	(2414)中華電	3.5%	9	(2002)中鋼	1.9%
5	(1301)台塑	2.3%	10	(3045)台灣大	1.7%

04 台指選擇權的契約乘數？

交易過股票的投資人都知道，當我們買進「一張」股票時，指的就是買進「1,000股」；選擇權的契約乘數就跟「一張」股票的道理一樣，契約乘數可以把它想成是用來計算契約價值的「單位」。

以台指選擇權為例，它每一點（單位）是50元，也就是說，當你要計算你所交易的契約市值時，就以所交易履約價格乘以50元。要計算你所買進或賣出的選擇權市場價值時，一樣把權利金報價乘以50元，就是選擇權契約的市場價值。

例如，大明以當時報價155點的權利金，買了一口8月份台指選擇權履約價7300點的買權，那麼，這一筆交易的市值與市價分別為：

市值＝履約價7300點×契約乘數50元＝365,000元

市價＝權利金155點×契約乘數50元＝7,750元

選擇權報價： 指數選擇權　個股選擇權											
台指　依履約價排序 / 依月份排序						資料日期：101/08/10　台指選擇權 ▾ 查詢					

履約價: 7300

買權						賣權					
月份	時間	成交價	買價	賣價	漲跌	總量	月份	時間	成交價	買價	賣價	漲跌	總量
2012/08	13:44	155	154	155	0	18994	2012/08	13:44	9.1	9	9.1	▽5.4	38621
2012/09	13:44	217	216	217	△6	1000	2012/09	13:44	110	109	111	▽8	1795
2012/10	13:18	245	250	260	▽5	22	2012/10	13:43	172	167	189	▽4	8

履約價: 7400

買權						賣權					
月份	時間	成交價	買價	賣價	漲跌	總量	月份	時間	成交價	買價	賣價	漲跌	總量
2012/08	13:44	75	74	75	▽4	41275	2012/08	13:44	30	30	30.5	▽8.5	49530
2012/09	13:44	157	156	158	△1	1779	2012/09	13:44	150	150	152	▽9	1347
2012/10	13:39	203	196	204	△1	44	2012/10	13:44	212	210	224	▽8	41
2012/12	13:21	279	286	297	▽6	10	2012/12	13:05	340	323	342	▽5	5
2013/03	13:32	377	379	400	▽18	18	2013/03	13:32	460	452	481	△3	18

Question ―― **05**　　　**台指選擇權到期月份？**

　　和期貨的交易一樣，選擇權有預期未來價格的特性。

　　因此，期貨交易所在設計選擇權商品時，就提供了除了近月的契約之外，也有遠月的契約同時存在，如此，方便投資人做選擇。

　　舉例說明，你想要購買履約價7400的台指選擇權，不但可以在市場上買到當月到期（8月）的契約，也可以買到當月及次兩個月(9月、10月)和接下來兩個季月（12月，次年3月）的契約，總共有5個月的契約可選擇。

　　什麼叫「季月」的契約？也就是每年的3月、6月、9月、12月。

　　例如，現在是2月初，那麼市場上會同時存在同一履約價2、3、4、6、9月等5個月份的契約。若現在是12月初，那麼市場上會同時存在同一履約價12、（次年）1、2、3、6月等5個月份的契約，依此類推。

選擇權報價： 指數選擇權　個股選擇權											
台指 依履約價排序/依月份排序							資料日期：101/08/10	台指選擇權 ▾	查詢		

履約價: 7300

	買權							賣權				
月份	時間	成交價	買價	賣價	漲跌	總量	月份	時間	成交價	買價	賣價	漲跌	總量
2012/08	13:44	155	154	155	0	18994	2012/08	13:44	9.1	9	9.1	▽5.4	38621
2012/09	13:44	217	216	217	△6	1000	2012/09	13:44	110	109	111	▽8	1795
2012/10	13:18	245	250	260	▽5	22	2012/10	13:43	172	167	189	▽4	8

履約價: 7400

								賣權				
月份	時間	成交價	買價	賣價	漲跌	總量	月份	時間	成交價	買價	賣價	漲跌	總量
2012/08	13:44						2012/08	13:44	30	30	30.5	▽8.5	49530
2012/09	13:44						2012/09	13:44	150	150	152	▽9	1347
2012/10	13:39						2012/10	13:44	212	210	224	▽8	41
2012/12	13:21	279	286	297	▽6	10	2012/12	13:05	340	323	342	▽5	5
2013/03	13:32	377	379	400	▽2	18	2013/03	13:32	460	452	481	△3	18

> 同樣是履約價7400的契約，有五個月份契約同時存在。

台指選擇權價格間距？

所謂的「履約價」，就是買、賣雙方約定執行權利的價格。

根據規定，如果履約價還沒有達到3000點，每一個履約價序列的價格間距，近月的部分是50點，季月的契約是100點；如果履約價介於3000～10000點，每一個履約價序列的價格間距，近月的部分是100點，季月的契約是200點；如果履約價界在10000點以上，每一個履約價序列的價格間距，近月的部份是200點，季月的契約是400點。

以2012年8月台指選擇權的報價為例，加權指數約為7300點，它是介於3,000點至10,000點之間，故，8、9、10月都是近月契約，從報價牌上看到的價格間距就是5800、5900、6000……履約價以每100為間距。

月份: 2012/08

買權					賣權						
履約價					履約價	時間	成交價	買價	賣價	漲跌	總量
5800			近月契約履約報價間距為100點。	—	5800	13:23	0.2	0	0.2	△0.1	65
5900				—	5900	13:22	0.1	0	0.2	0	28
6000				—	6000	13:22	0.1	0.1	0.4	0	51
6100	—	—	1300	1390	6100	12:57	0.3	0.1	0.4	△0.1	33

但它的季月契約，如2013年3月的台指選擇權報價，從報價牌上看到的價格間距就是5400、5600、5800……履約價以每200為間距。

月份: 2013/03

買權					賣權						
履約價				總量	履約價	時間	成交價	買價	賣價	漲跌	總量
5400			季月契約履約報價間距為200點。	—	5400	13:42	36	36	37	▽2	322
5600				—	5600	13:42	50	50	52	▽2	156
5800				—	5800	13:04	68	61	67	▽1	193
6000				—	6000	13:39	82	82	85	△1	41
6200	—	—	1150	1280	6200	13:30	111	105	110	△5	31

台指選擇權的權利金報價單位?

　　跟股價的跳動規則一樣,選擇權報價的每一次跳動也有其限制與規則。跟股票不同的是,選擇權的報價因為有價內、價外的不同,同一個月份的市場報價,從上千元到幾塊錢、甚至是幾毛錢都有。

　　另外值得一提的是,權利金報價基準是以前一天的成交價為準。

月份: 2012/12

		買權							賣權				
履約價	時間	成交價	買價	賣價	漲跌	總量	履約價	時間	成交價	買價	賣價	漲跌	總量
5400	—	—	1960	2030	—	—	5400	13:39	12	11	13	▽1	71
5600	13:37	1780	1760	1840	△10	1	5600	13:39	16	16	18	▽2	11
5800	—	—	1560	1640	—	—	5800	13:00	23.5	22.5	25	▽2.5	99
6000	—	—	1370	1450	—	—	6000	13:29	32.5	32	34	▽1.5	261
6200	—	—	190	1220	—	—	6200	13:43	44	43.5	46.5	▽3	218
6400	—	—	9	1040	—	—	6400	13:44	60	60	64	▽3	120
6600	13:14	830	830	895	▽50	1	6600	13:08	90	84	91	▽5	71
6800	13:32	695	625	690	▽10	20	6800	13:44	123	120	128	0	241
7000	—	—	520				7000					▽8	19
7200	13:14	390	391									▽1	2
7400	13:21	279	286									▽5	5
7600	13:34	198	201									—	
7800	13:10	130	131									—	
8000	13:12	81	82									—	
8200	13:32	51	52									—	
8400	13:41	31	30									—	
8600	13:42	18.5	18	19.5	0	16	8600	—	—	1250	1340	—	—
8800	13:42	12	10	12	▽1.5	10	8800	—	—	1450	1540	—	—
9000	12:33	7	5.4	7.4	▽1	23	9000	13:38	1660	1640	1730	0	1

> 權利金因為有價內與價外,所以,同一個月份的選擇權有的上千,有的只要幾塊錢。

＊ 選擇權的跳動規則

前一日的成交價	跳動點(元)
價未滿10點	0.1點(5元)
報價10點以上,未滿50點	0.5點(25元)
報價50點以上,未滿500點	1點(50元)
報價500點以上,未滿1,000點	5點(250元)
報價1,000點以上	10點(500元)

台指選擇權每日漲跌幅？

　　許多人都知道選擇權是高槓桿的金融商品，從下列計算的每日漲跌幅限制，就可一窺其風險之所在。因為根據規定，選擇權的權利金，每日最大漲跌點數是根據前一營業日加權股價指數收盤價的7%為限。讀者可能覺得這樣子很合理，但實際試算之後，你就會發現，選擇權每日的漲跌幅限制相當高。

　　例如，前一個交易日加權指數收盤是7441點，薇薇買進了選擇權7400序列的買權，前一日的成交價是850點，那麼如何計算當天的選擇權漲跌幅？

　　第一步，計算前一交易大盤7%是多少。

$$7441 \times 7\% = 521$$

第二步，計算買權的漲幅

$$850點 + 521點 = 1371點$$

$$(1371 - 850) \div 850 = +61\%$$

第三步，計算買權的跌幅

$$850點 - 521點 = 329點$$

$$(329 - 850) \div 850 = -61\%$$

答案是正、負61%

　　由此可知，選擇權是項高槓桿商品，台股波動只要在2%、3%，選擇權的上下幅度可能達大盤波動的數倍之譜，這也就是為什麼參與選擇權的投資人常出現鉅額獲利或虧損的情形。

09 台指選擇權部位限制？

所謂的「部位」，有人也稱為「倉位」，指的是買方或賣方還留在市場上尚未反向沖銷的契約。

對於持有台指選擇權投資人部位的上限，主管機關有明確的規定，一般投資人在任何時間持有選擇權同一方向未結清部位的總合，不可以超過4萬5千口，法人機構則不能超過9萬口(不過有些法人機構，因為有避險需求，可透過申請增加額度)。

什麼叫「同一方向」呢？比方說，你對行情看多，你可能會持有買進買權或賣出賣權，這兩種交易都是多頭，就是「同一方向」。

例如，君君前一個交易日有30,000口的買進買權部位，次個交易日，君君最多只能再持有15,000口的多頭部位(包含「買進買權」與「賣出賣權」)。

多、空部位新手若記不住，可以像數學公式一樣「＋＋得＋、＋－得－、－－得＋、－＋得－」，多頭還是空頭一下就記住了。

＊ 多頭單？空頭單？

買進或賣出	買權(買權)或賣權(賣權)	多頭或空頭
買進（＋）	買權（＋）	多頭（＋）
買進（＋）	賣權（－）	空頭（－）
賣出（－）	買權（＋）	多頭（＋）
賣出（－）	賣權（－）	空頭（－）

台指選擇權的交易標的是台灣加權股價指數，所以在交易時間上也以台股為基準(星期一～星期五)。

與台股不同的是，選擇權跟期貨一樣，都有避險功能；所以在台股交易的時間裡，它的開盤與收盤各往前、後多15分鐘。

台股的開盤、收盤時間是9：00～13：30。

台指選擇權的開盤、收盤時間則是8：45～13：45。

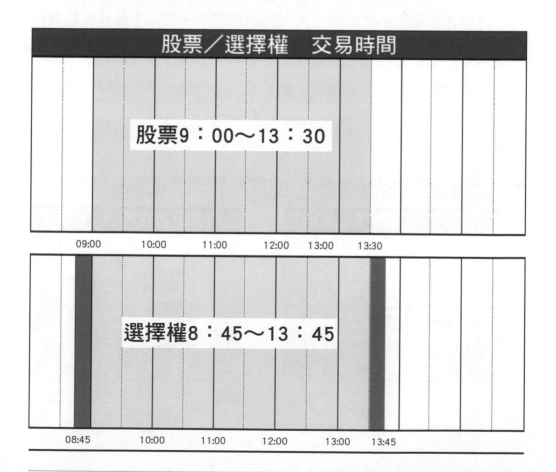

台指選擇權最後交易日？

　　台指選擇權的交易標的是股價加權指數，由於它是「指數」而不是「實物」，所以無法直接實物買賣，只能在到期日之前投資人採「反向沖銷」的方式，才能沖銷契約。

　　例如，小花在8月5日買進3口8月台指選擇權7500的買權，那麼，小花必須在8月份的台指選擇權最後交易日前把所買進的買權賣掉，才能結清部位，否則就是參與最後結算。

　　台指選擇權的到期日與最後交易日都在同一天，也就是到期月份的第三個星期三。雖然有些看盤軟體會顯示該月份選擇權契約還有幾日，但選擇權投資人還是要自己留意；因為到期日前，看錯方向的部位跌價的程度是相當厲害的，投資人不可不慎。

▶ **到期日＝最後交易日＝到期月份的第3個星期三**

2012年8月						
日	一	二	三	四	五	六
			第1個 1	2	3	4
5	6	第2個 7	8	9	10	11
12	第3個 13	14	(15)	16	17	18
19	20	21	22	23	24	25
26	27	28	29	30	31	

2012年9月						
日	一	二	三	四	五	六
						1
2	3	第1個 4	5	6	7	8
9	10	第2個 11	12	13	14	15
16	17	第3個 18	(19)	20	21	22
23	24	25	26	27	28	29
30						

2012年8月
最後交易日是8月15日

2012年9月
最後交易日是9月19日

12 台指選擇權最後結算價?

台指選擇權的最後結算價,以最後結算日(到期日)台灣證券交易所及中華民國證券櫃檯買賣中心當天交易時間收盤前30分鐘內所提供標的指數用算術平均價計算出來的。

如果標的指數遇到它的成分股實施收市撮合延緩,那麼就計算最後結算價的最後一筆收盤指數為結算價。

▶ **各種選擇權最後結算價格表**

請選擇契約年月份 100 ▾ 年 10 ▾ 月 - 101 ▾ 年 10 ▾ 月 查詢

最後結算日	契約月份	臺指選擇權(TXO)	電子選擇權(TEO)	金融選擇權(TFO)	MSCI臺指選擇權(MSO)	非金電選擇權(XIO)	櫃買選擇權(GTO)
101/10/17	10110	7460	278.45	808.6	·	10360	104.35
101/9/19	10109	7767	291.25	843.2	·	10710	107.85
101/8/15	10108	7468	275.05	806.2	·	10574	104.45
101/7/18	10107	7060	259.85	773.8	·	9950	100.6
101/6/20	10106	7311	276.9	768.4	·	10056	105.25
101/5/16	10105	7255	276.9	741.6	·	9959	104.55
101/4/18	10104	7620	293.2	784.4	·	10319	110
101/3/21	10103	7980	302.6	846.8	·	10924	116.95
101/2/15	10102	8005	300.9	874.6	·	10980	117.65
101/1/18	10101	7207	268.9	759	·	10112	97.75
100/12/21	10012	6952	257.6	750.2	·	9767	90.9
100/11/16	10011	7398	273.55	792.6	·	10446	103.3
100/10/19	10010	7330	268.25	828.4	·	10303	105

13 ## 台指選擇權交割結算方式？

台指選擇權的標的物是「指數」，沒有辦法像股票選擇權或其他實物商品的選擇權一樣選擇實物交割；因此，只能用現金進行交割。

台指選擇權的交割，買、賣雙方只要計算結算價和履約價之間的價差即可，買方不需要事先準備足額的結算價全額交割。也就是說，投資人只要計算所交易的部份是損失或獲利，若結算後部位是獲利的，獲利的錢自動會進入帳戶；若是結算後部位是損失，只要補足損失的差額即可。

▷ **交割計算實例**

例如，書傑在8月初買進一口7100點的買權，並且一直持有到8月15日契約到期日，且書傑參加了台指選擇權的結算。

8月15日收盤後，交易所公布的當月的台指選擇權結算價是7500點，因為書傑持有的買權部位在價內，所以，他的投資結果是：

結算價金＝7500點×50元＝375,000元

履約價金＝7100點×50元＝355,000元

書傑的損益＝375,000元－355,000元＝20,000元

書傑獲利20,000元

方天龍秘笈系列

你的選股夠犀利嗎？ 定價：399元

你的股票買賣時機精準嗎？ 定價：399元

你抓得住漲停板嗎？ 定價：399元

【訂購資訊】　　　http://www.book2000.com.tw

郵局劃撥：帳號/19329140　戶名/恆兆文化有限公司
ATM匯款：銀行/合作金庫(代碼006)/三興分行/1405-717-327091
貨到付款：請來電洽詢　TEL 02-27369882　　FAX 02-27338407

電話郵購任選二本，即享85折　買越多本折扣越多，歡迎洽詢
恆兆文化@PCHOME商店街　http://www.pcstore.com.tw/book2000/

4 章

OPTION

基本
交易策略

選擇權的基本交易 策略 ①
預期大漲→買進買權的策略

當投資交易人研判市場即將展開一場多頭行情時，採用買進買權是一個非常好的投資策略。

首先，這個策略的最大風險有限，也就是說，你不需要因為看錯行情，指數跌很多而再被追繳任何履約保證金，因為它最大的損失只限於你所購買選擇權時所支付的權利金。

利用買進買權策略最具優勢的地方在於它的上漲利潤空間無限，下跌風險有限。且若履約日到期時，行情漲得越多，投資人就賺得越多，充分發揮了低風險、低成本、高獲利，以小搏大的精髓。

以下以小美的交易為範例說明。

小美看到股市即將進入多頭大漲的格局，於是在7月25日當大盤指數在7,500點的位置時，決定採用買進買權策略，買進20天後到期，履約價為7,700點的買權，同時支付了80點的權利金4,000元（80點×50元/點）和手續費。

首先計算這一次交易的損益兩平點(Break Even Point，B.E.P.)。

買進買權的損益兩平點就是：履約價7,700點加上權利金80點等於7,780點。意思是只要到期日加權指數漲到7,780點以上就能獲利。

1.買進買權策略

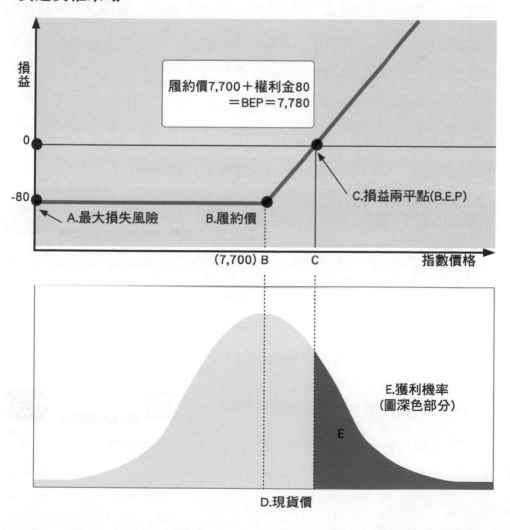

履約價7,700＋權利金80
＝BEP＝7,780

0

-80

A.最大損失風險　　　　B.履約價

C.損益兩平點(B.E.P)

(7,700) B　　　　C

指數價格

損益

E.獲利機率
(圖深色部分)

E

D.現貨價

小美買進買權後,一直持有至到期日有以下三種情況:

・到期日 情況① 指數<7700⋯⋯⋯⋯⋯ **賠** *最大損失是權利金* (-_-)

　　當到期日大盤指數落在小美所購買的履約價7700之下的任何一個位置,小美都不會履約;也就是說,本來小美有「權利」可以執行以7700點做「買進」的動作,但因為價格在7700之下,例如價格來到7650點,若小美要「買進」只要向市場以7650點買進即可,何必執行7700點的權利呢?因為小美不會履行她的權利,因此,她之前所支付4000元的權利金就是損失的部分。

小美這筆交易的報酬:4,000→0

・到期日 情況② 指數>7780⋯⋯⋯ **賺** *指數漲愈高賺愈多,沒有限制*

　　如果市場如小美所預期的進入多頭走勢,一路上漲到8,100點,投資人可以一直等到履約日到期行使買權。

　　小美的獲利是(8,100點－7,780點)×50元/點＝16,000元。

小美這筆交易的報酬:4,000→16,000

・到期日 情況③ 7700<指數<7780⋯⋯⋯ **賠** *最大損失是權利金* (T_T)

　　如果到期日大盤指數來到7750,因為它大於履約價7700,所以小美原先所購買的7700買權仍有履約價值;但它又不足以支付原先買進的成本,所以,小美的交易將以小賠出場。

不計算稅金與手續費，小美將虧損1,500元（（7,780點－7,750點）×50元/點）。本金4,000－1,500＝2,500

小美這筆交易的報酬：4,000→2,500

如果市場一開始如預期的大漲，但小美之後覺得有突發利空事件即將爆發，也可以隨時賣出相同的買權，將持有的多頭部位沖銷掉，獲利了結。判斷行情為多頭，但投資人採用買進選擇權而非買進期貨或股票現貨，其中最主要差別在於風險的不同。

買進選擇權如果判斷錯了，損失的只是支付的權利金；買進指數期貨或現貨股票如果判斷錯誤，則最大的損失是整個指數點數或現貨股票的所有價值。而這也就是為什麼在多頭市場時，採用買進買權策略如此迷人之所在。

・買進買權策略小檔案

使用時機 ➡	預期大漲時，至少需上漲超過損益兩平點	
最大風險 ➡	支付之權利金	
最大利潤 ➡	無限	
損益兩平點 ➡	履約價＋權利金點數	
保證金 ➡	不需要	

預期大跌

預期大跌→買進賣權的策略

買進賣權的策略是空頭市場中的最好策略。買進賣權的使用時機在於當預期股市加權指數或某支個股即將大跌時,先買進以履約價賣出該指數或個股的賣權。

買進賣權的風險有限,最大的損失就是買進時支付的權利金,最大的利潤卻無限,跌得越重,賺得越多。

買進賣權策略在獲利潛力上和融券現股或賣出期指相當。但是萬一行情研判錯誤,融券和賣出期指會被追繳保證金、甚至斷頭或超額損失,但買進賣權策略最大的損失就是權利金。低風險、低成本、高獲利,所以,買進賣權策略在空頭市場時是最佳策略的原因。

以下以莉莉的交易為範例說明。

莉莉研判股市多頭市場已經進入尾聲,即將進入空頭市場,因此決定採用買進賣權的投資策略。

這時股價指數在7,500點的位置,莉莉買了履約價為7,300點,到期日還有25天的賣權,並支付了80點的權利金(80點×50元/點=4,000元)和手續費。

首先計算這一次交易的損益兩平點。

莉莉所買進的賣權最大的風險為4,000元,也就是他支付的權利

金，最大的利潤則隨指數下跌而增加。只要加權指數跌破損益兩平點
（履約價7,300點－權利金點數80點＝7,220點）投資人就開始獲利，
每跌一點賺50元。

2.買進賣權策略

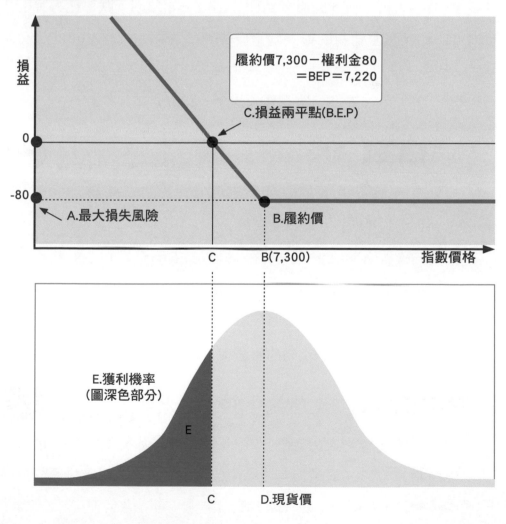

莉莉買進賣權後，一直持有至到期日有以下三種情況：

· 到期日 情況 ① 指數＞7220 ⋯⋯⋯⋯⋯ 賠 最大損失是權利金 (-_-)

如果20天後，買進的賣權到期，指數不如預期下跌，比方說上漲到8,000點，那麼莉莉的損失就是原先買進賣權的價格4,000元(80點×50元/點)。

莉莉這筆交易的報酬：4,000→0

· 到期日 情況 ② 指數＜7220 ⋯⋯⋯ 賺 指數跌愈高賺愈多，沒有限制 (^_^)

如果市場如莉莉所預期的進入空頭走勢，一路下跌到6,300點，莉莉可以一直等到履約日到期行使買權。

莉莉的獲利是（7,220點－6,300點）×50元/點＝46,000。

以4,000元的投資博取46,000元、超過10倍的利潤，那麼這個策略就算大大的成功。

莉莉這筆交易的報酬：4,000→46,000

· 到期日 情況 ③ 7220＜指數＜7300 ⋯⋯⋯ 賠 最大損失是權利金 (T_T)

如果到期日大盤指數來到7250，因為它小於履約價7300，所以莉莉原先所購買的7300賣權仍有履約價值；但它又不足以支付原先買進的成本，所以，莉莉的交易將以小賠出場。

不計算稅金與手續費，莉莉將虧損1,500元（7,250點－7,220點）×50元/點。本金4,000－1,500＝2,500

<u>莉莉這筆交易的報酬：4,000→2,500</u>

・買進賣權策略小檔案

使用時機 ➡	預期大跌時，至少需下跌超過損益兩平點	
最大風險 ➡	支付之權利金	
最大利潤 ➡	無限	
損益兩平點 ➡	履約價－權利金點數	
保證金 ➡	不需要	

預期小跌

預期小跌→賣出買權的策略

賣出買權策略的使用時機是在於空頭市場，但又預期在到期日之前標的跌幅不會太深。

賣出買權策略給予買進買權者在到期日時以履約價進行買進標的現貨的權利，並收取權利金。這個策略最大的獲利就是收到的權利金，但最大的風險則為無限。如果指數或標的價格持續大漲，超過了損益兩平點（履約價＋權利金），賣出買權者必須負起履約責任，負擔所有的損失。

由此可知，賣出買權的投資人風險高，要執行賣出買權前必須先支付履約保證金才能下單。所以，投資人在採用這個策略時，必須非常小心，隨時掌握市場動向並設定停損點。

賣出買權的策略常用在股市跌深反彈，行情進入前波段嚴重套牢區，投資人認為股市短期內上揚不易，解套加上獲利回吐賣壓頗重，會進入小幅回檔整理的局面，決定採用賣出買權的策略，賺取權利金。

以下以大華的交易為範例說明。

大華在指數7,500點時，賣出了履約價7,700點，到期日還有20天的買權，並收取100點的權利金（100點×50元/點＝5,000元）。

首先，先計算損益兩平價。

如果20天後，加權指數的位置在損益兩平點（履約價7,700點＋權利金100點＝7,800點）之下，投資人就有獲利機會。

3.賣出買權策略

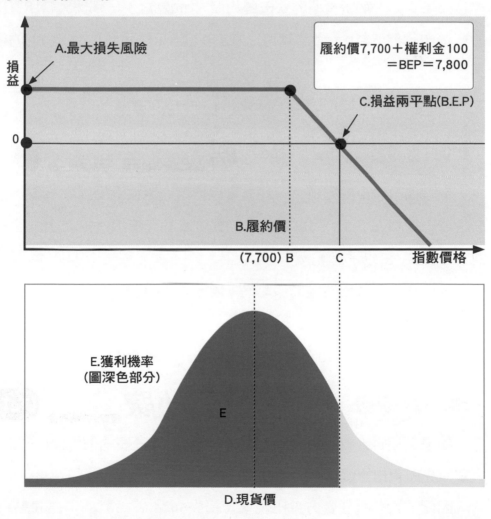

損益

履約價7,700＋權利金100
＝BEP＝7,800

A.最大損失風險

C.損益兩平點(B.E.P)

0

B.履約價

(7,700) B　　　C　　　指數價格

E.獲利機率
（圖深色部分）

E

D.現貨價

大華賣出買權後，一直持有至到期日有以下三種情況：

· 到期日 情況 ① 指數＜7700········ **賺** 最多就是賺進所收所的權利金

如果真如大華所預期的跌破履約價7,700點之下，那麼大華所賣出的買權履約價值為0，大華就可以賺到5,000元(100點×50元/點)的權利金。

大華這筆交易的報酬：0→5,000元

· 到期日 情況 ② 指數＞7700····· **賠** 指數漲愈多賠愈多，沒有最大上限 (-_-)

但是如果股市勢如破竹，沒有下跌而是一路往上衝到8500點，那麼投資人就損失了（8,500點－7,800點）×50元/點＝35,000元，漲的愈多，投資人的損失就愈大。

因此在採用賣出買權的策略時，必須小心謹慎，並妥善設立停損點，避免損失擴大。

大華這筆交易的報酬：0→－35,000

· 到期日 情況 ③ 7700＜指數＜7800····· **小賺** 但會小於權利金

如果到期日大盤指數來到7,750，因為它大於履約價7,700，所以大華原先所賣出的買權7,700仍有履約價值。

因此，大華擔任賣方會出現執行損失50點(7,750點－7,700點)。

然而，無論如何執行損失，也不會大於之前大華所收入的權利金，以本例而言是100點。

所以，大華不計算稅金與手續費，還可以賺進：

(100點－50點)×50元/點＝2,500元。

<u>大華這筆交易的報酬：0→2500</u>

·賣出買權策略小檔案	
使用時機 ➡	預期小跌時
最大風險 ➡	無限（必須特別小心）
最大利潤 ➡	收取之權利金
損益兩平點 ➡	履約價＋權利金點數
保證金 ➡	權利金＋ Max×（風險保證金－價外值，最低風險保證金）

預期小漲→賣出賣權的策略

賣出賣權策略的使用時機，在於多頭市場，但又預期只是小漲格局漲幅不大。

賣出賣權交易者給予買進賣權者在到期日時以約定的價格（履約價）賣給對方標的價格的權利，並向買進賣權者收取權利金。因此，在賣出賣權策略之下，最大的獲利就是收到權利金，但最大的風險為整個標的價格下跌至0。

換句話說，如果標的物的市價不但沒有上漲，反而大跌，那麼，擔任賣出賣權者就得負擔所有的跌價損失。

因為賣出賣權的風險高，必須支付履約保證金才能下單，採用此策略時，必須非常小心，設定停損點。

下文以冬冬的交易為例進行說明。

冬冬研判股市仍處於多頭行情，但上漲的腳步將趨緩，決定採取賣出賣權的策略。這時加權指數的位置在7,500點，冬賣出了履約價為7,300點到期日剩下20天的賣權，並收取100點權利金。

首先，先計算損益兩平點。履約價7,300－權利金100＝損益兩平點＝7,200

4.賣出賣權策略

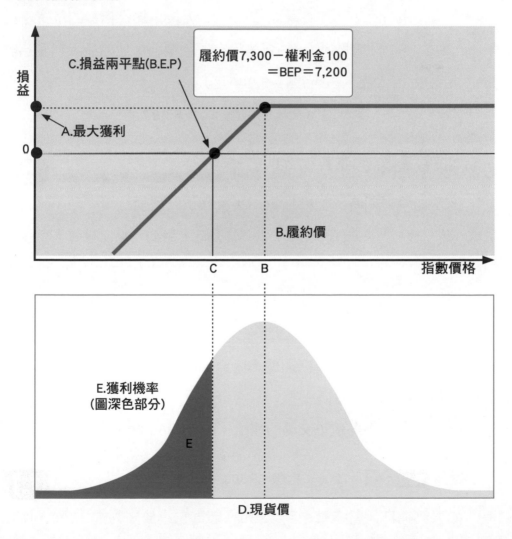

履約價7,300－權利金100
＝BEP＝7,200

C.損益兩平點(B.E.P)

損益

A.最大獲利

0

B.履約價

C   B   指數價格

E.獲利機率
(圖深色部分)

E

D.現貨價

冬冬賣出賣權後，一直持有至到期日有以下三種情況：

・到期日 情況① 指數＞7300⋯⋯⋯ **賺** *最多就是賺進所收所的權利金*

在這個策略之下，冬冬最希望的是20天後，加權指數的位置漲到7,300點之上，那時他所賣出的賣權沒有履約價值，他的最大利潤為收取的權利金（100點×50元/點＝5,000元）。

冬冬這筆交易的報酬：0→5,000元

・到期日 情況② 指數＜7200 **賠** *指數跌愈多賠愈多，最大損失7200點*

但是如果到期時，加權指數不漲反跌，跌破損益兩平點（履約價7,300點－權利金點數100點＝7,200點）時，每跌一點，投資人就損失50元。

所以，最大的可能損失是（7,300點×50元）－（100點×50元）＝360,000（指數跌到0）。 因此在採用賣出賣權策略時，必須非常小心，一旦發現研判錯誤，立即買進所賣出之賣權，把部位沖回，並善設停損點，以免嚴重虧損。

冬冬這筆交易的報酬：0→－360,000

・到期日 情況③ 7200＜指數＜7300⋯⋯ *小賺* *但會小於權利金*

如果到期日大盤指數來到7,250，因為它小於履約價7,300，所以

冬冬原先所賣出的賣權7,300仍有履約價值。

因此，冬冬擔任賣方會出現執行損失50點(7,300點－7,250點)。但無論如何執行損失，也不會大於之前冬冬所收入的權利金，以本例而言是100點。

所以冬冬不計算稅金與手續費，還可以賺進(100點－50點)×50元/點＝2,500元。

冬冬這筆交易的報酬：0→2500

・賣出賣權策略小檔案	
使用時機 ➡	預期小漲時
最大風險 ➡	整個標的物價值－權利金
最大利潤 ➡	收取之權利金
損益兩平點 ➡	履約價－權利金點數
保證金 ➡	權利金＋ Max×（風險保證金－價外值，最低風險保證金）

5章

OPTION

進階
交易策略

大漲或大跌→同時執行買進買權與賣權
(跨式)

買進跨式交易策略的使用時機在於預期選擇權標的物，在履約日到期前會有重大價格變動，不是大漲就是大跌時所採用。買進跨式交易策略的作法是買進一口買權，同時買進一口相同到期日且相同履約價的賣權。

同時執行買進買權與賣權(跨式)，最常見在市場有重大不確定因素正醞釀之中，如突發事件、重大政經事件、併購案、訴訟案、重大契約簽訂等，而這種不確定因素在履約日到期前將會明朗化，標的價格也預估會有強烈的反應。

買進跨式交易策略廣受歡迎的地方，在於它的獲利沒有上限，但風險有限。即使消息來源有誤，操作失敗的損失最多也只是買進買權支付的權利金加上買進賣權支付的權利金。

以下以彩姿的交易範例做為說明。

投資人彩姿研判下週將進行重大要的選舉，選舉結果對股市將產生重大衝擊。

由於她不確定選舉是否平和落幕，所以決定採用買進跨式策略，不管通過與否，大漲或大跌，彩姿都將獲利。

於是，她買進了一口20天後到期履約價為7,500點買權，支付了

120點權利金；同時買進一口相同到期日，相同履約價的賣權，支付了200點權利金。

首先，來計算這一筆交易的損益兩平點。

5.買進跨式

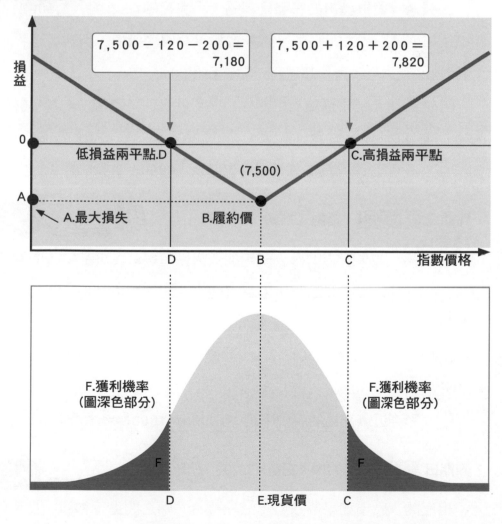

彩姿執行買進跨式策略後，一直持有至到期日有以下三種情況：

・到期日 情 況① **指數＞7820**……………………**賺** 獲利沒上限

20天後，如果股市如彩姿研判的，大漲超過7,820點（7,500點＋120點＋200點＝7,820點），因為賣權沒有履約價值，但買權已經進入價內320點以上，所以超過每一點就獲利50元。

例如，當天結算價是8,000點，獲利就是(8,000點－7,820點)×50元/點＝9,000元。

彩姿這筆交易的報酬是：9000／16000＝56.25％

・到期日 情 況② **指數＜7180**……………………**賺** 獲利沒有上限

20天後，如果股市如彩姿研判的，大跌超過7,180點（7,500點－120點－200點＝7,180點），因為買權沒有履約價值，但賣權已經進入價內320點以上，所以跌超過每一點就獲利50元。

例如，當天結算價是6,900點，獲利就是(7,180點－6,900點)×50元/點＝14,000元。

彩姿這筆交易的報酬率是：14000／16000＝87.5％

・到期日 情 況③ **7180＜指數＜7820**… **賠** 最多損失所有權利金320點

相反的，股市如果收在7,180點～7,820點之間進行結算，投資人

就操作失敗，最大的損失就是所支付的權利金（200點＋120點）×50元/點＝16,000元。

彩姿這筆交易的報酬是：16000->0

· 買進跨式交易策略小檔案

使用時機 ⇨	預期標的物大漲或大跌時
最大風險 ⇨	買進買權權利金＋買進賣權權利金
最大利潤 ⇨	無限
損益兩平點 ⇨	（高）履約價＋（買進買權權利金點數＋買進賣權權利金點數） （低）履約價－（買進買權權利金點數＋買進賣權權利金點數）
保證金 ⇨	0

預期盤整

預期盤整→同時執行賣出買權與賣權
（最危險的跨式交易！）

　　賣出跨式交易策略的使用時機，在於預期指數或標的物在履約日前為區間變動而不會有重大價格變化，盤整格局時所採用。

　　賣出跨式策略常見於市場有重大將揭曉，但明朗化時間在履約日之後，研判在該日期之前屬於盤整待變，或研判市場上有套牢賣壓，下有強力支撐時採用。

　　賣出跨式交易的作法是賣出一口買權，同時賣出一口相同到期日、相同履約價的賣權。賣出跨式策略的最大獲利有限，最多就是賣出買權及賣出賣權所收取的權利金；但它的風險無限，操作時必須特別小心謹慎，並善設停損點（該策略應設兩個不同價位停損點）。

　　為何說是最危險的交易呢？

　　因為市場上有些投資人剛開始認為賣出買、賣權可以兩邊收取權利金，好像和收利息租金的意思一樣，沒有風險的意識，若價格變動沒有跨出所進行交易的區間就沒有問題。但是，若有突發事件或是某個不可預期的事件導致行情短時間出現巨大的變動，而使行情瞬間跨出交易區間，往往就造成嚴重虧損甚至超額損失。所以，這個策略經常是一段時間小小的賺，然後瞬間大大的賠，長期做如此之交易最後經常是虧損嚴重。

以下以維達的交易範例做為說明。

投資人維達研判市場處於盤整格局，短期內（履約日前）不易大漲或大跌，決定採用賣出跨式交易策略，賺取權利金。

維達賣出了一口20天後到期履約價為7,500點買權，收取了120點權利金，同時也賣出了一口相同到期日，相同履約價的賣權，收取了200點權利金。首先，來計算這一筆交易的損益兩平點。

6.賣出跨式

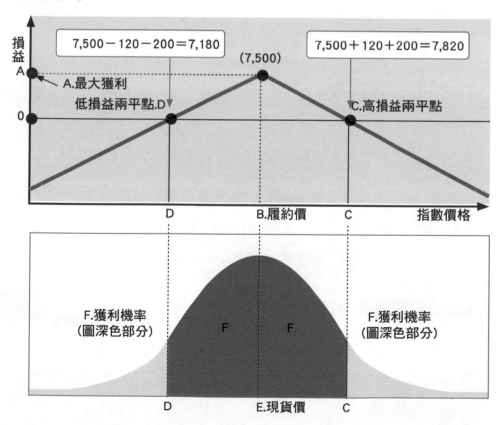

維達執行賣出跨式策略後，一直持有至到期日有以下三種情況：

· 到期日 情況① 7180＜指數＞7820 ······ 賺 最大利潤是全部權利金 (＾‿＾)

20天後，股市如果盤整收在7,180點到7,820點之間，維達就操作成功。最大的利潤落在7,500點（履約價）上，這時投資人賣出的買權和賣權都沒有履約價值，最大獲利為（120點＋200點）×50元點＝16,000元。

<u>維達這筆交易的報酬：0→16,000元</u>

· 到期日 情況② 指數＞7820 ······ 賠 沒有上限 (－‿－)

20天後，股市指數上漲超過7,820點，每超過一點，投資人就多賠50元，超過多少，投資人就賠多少，沒有限制。

例如，行情結算在8,200點，那麼維達這一次的交易策略就損失（8,200點－7,820點）×50元點＝19,000元。

<u>維達這筆交易的報酬：0→－19,000元</u>

· 到期日 情況③ 指數＜7180 ······ 賠 賠完標的物的現貨價值 (－‿－)

跌破7,180點，每超過一點，投資人就多賠50元，超過多少，投資人就賠多少，沒有限制，因此投資人必須非常小心，盯緊指數動向，並妥善設立停損點（注意！有兩個停損點）。

例如，行情結算在6,800點，那麼維達這一次的交易策略就損失
（7,130點－6,800點）×50元點＝16,500元。

維達這筆交易的報酬：0→16,500元

・賣出跨式交易策略小檔案

使用時機 ➡ 預期市場盤整時

最大風險 ➡ 無限

最大利潤 ➡ 賣出買權權利金＋賣出賣權權利金

損益兩平點 ➡ （高）履約價＋（賣出買權權利金點數＋賣出賣權權利金點數）
（低）履約價－（賣出買權權利金點數＋賣出賣權權利金點數）

保證金 ➡ Max×（買權保證金，賣權保證金）＋相對權利金市值

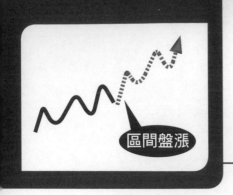

區間盤漲

區間盤漲→買權多頭價差交易

買權多頭價差策略的使用時機，在於看好市場，但認為短期大漲不易，屬於小漲格局時。

買權多頭價差的策略作法是買進一口較低履約價的買權，同時賣出一口同時到期但履約價較高的買權。這個策略的主要目的在於賺取兩個不同履約價之間的價差，而且風險有限。

它的最大報酬是兩個不同履約價之間的價差扣除投資成本，而最大的風險就只有侷限在投資成本（買進買權支付之權利金－賣出買權收取之權利金）。

只要市場如研判的上漲，該策略就能成功。反之，如果研判錯誤，損失也有限。

以下以小玫的交易範例做為說明。

投資人小玫採用買權多頭價差策略，買進了履約價7,500點，20天後到期的買權，支付了200點權利金；同時投資人也賣出了履約價為7,700點，同時到期的買權，收取了100點權利金。

首先，來計算這一筆交易的損益兩平點。

6.賣出跨式

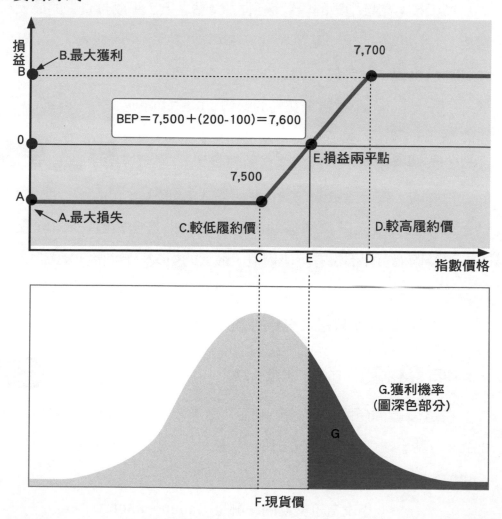

BEP＝7,500＋(200-100)＝7,600

- B.最大獲利
- A.最大損失
- C.較低履約價
- E.損益兩平點
- D.較高履約價
- 7,500
- 7,700
- G.獲利機率（圖深色部分）
- F.現貨價
- 損益
- 指數價格

小玫執行多頭買權價差後，一直持有至到期日有以下三種情況：

· 到期日 情況① 指數＞7700 ·············· 賺 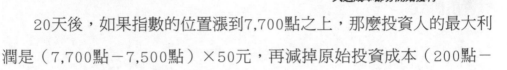 大過成本部分開始獲利

20天後，如果指數的位置漲到7,700點之上，那麼投資人的最大利潤是（7,700點－7,500點）×50元，再減掉原始投資成本（200點－100點＝100點）就等於100點（NT＄5,000元）。

小玫這筆交易的報酬：0→5,000元

· 到期日 情況② 指數＜7500 ·············· 賠 有上限

相反的，如果指數收在損益兩平點（7,500點＋80點＝7,580點）以下，那麼投資人就無法獲利，最大的損失是指數收在7,500點之下，這時兩個買權都沒有行使價值，最大的損失是100點（NT＄5,000元）。

小玫這筆交易的報酬：0→5,000元

· 到期日 情況③ 7500＜指數＜7700 ·············· 小賺

在這段區間超過7,600後每漲一點小玫可獲利50元，但每小於7,600一點小玫則要賠50元。假設指數收在7630小玫可獲得(7630－7,600)×50，獲利1,500元。

小玫這筆交易的報酬是：4000→6500

・買權多頭價差策略小檔案

使用時機	➡	預期小漲時
最大風險	➡	買進買權支付之權利金－賣出買權收取之權利金
最大利潤	➡	（較高履約價－較低履約價）×50元/點－投資成本
損益兩平點	➡	較低履約價＋ （買進買權權利金點數－賣出買權權利金點數）
投資成本	➡	同最大風險
保證金	➡	無

　　買權空頭價差的使用時機，在於研判市場行情在履約日前處於小跌或持平狀態。

　　它的作法和買權多頭價差剛好相反，它買進的是較高履約價的買權，賣出的是同時到期但較低履約價的買權。

　　買權空頭價差最大的獲利發生在標的物市價跌破較低履約價時，這時兩個買權都失去履約價值，最大利潤為收取的賣出買權權利金－－ 買進買權所支付的權利金。

　　它的最大損失發生在標的物不跌反漲，漲幅超過較高的履約價時，最大損失金額為（較高履約價－較低履約價）× 50元/點 －（賣出買權權利金收入－買進買權權利金支出）。

　　買權空頭價差的獲利和風險都有限。

　　以下以linda的交易範例做為說明。

　　投資人linda預期股市在到期日會小跌，決定採用買權空頭價差策略，賺取賣出買權權利金及買進買權權利金之間的價差。

　　linda買進了一口履約價7,500點、20天後到期的買權，支付100點權利金。同時賣出了一口履約價7,300點同時到期的買權，收取了220點的權利金。買進了一口履約價7,500點，20天後到期的買權，支付

100點權利金。同時賣出了一口履約價7,300點同時到期的買權，收取了220點的權利金。

首先，來計算這一筆交易的損益兩平點。

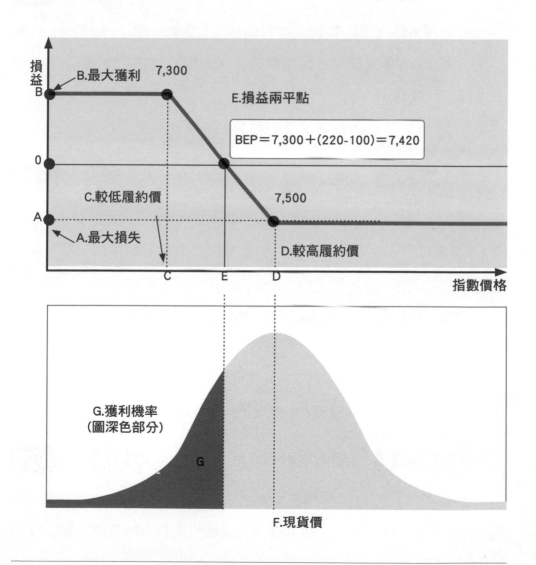

linda執行買權空頭價差，一直持有至到期日有以下三種情況：

· 到期日 情況① 指數＜7300⋯⋯⋯⋯⋯⋯⋯⋯⋯ **賺**

在這個策略之下，投資人最大的獲利就是220點－100點＝120點（NT＄6,000）。只要股市如預期的在20天後，收在7,300點之下，投資人操作就成功。

<u>linda這筆交易的報酬：0→6,000元</u>

· 到期日 情況② 指數＞7420⋯⋯⋯⋯⋯⋯⋯⋯⋯ **賠**

反之，如果股市不跌反漲，漲超過損益兩平點（7,300點＋（220點－100點）＝7,420點）投資人就產生投資損失，每多漲一點，就損失50元。

最大的風險是（7,500點－7,300點）×50元/點－120點×50元/點＝4,000元。

這個策略的最大獲利不高，只有6,000元，但風險也有限。

<u>linda這筆交易的報酬：0→6,000元</u>

· 到期日 情況③ 7300＜指數＜7420⋯⋯⋯⋯⋯ **小賺** (T_T)

如果到期日大盤加權指數來到7350，因為介於7,300與7,420之間，跌過損益兩平點7,420點，投資人就產生獲利，每多跌一點，就獲

利50元。

若結算點數為7,350，則可以獲利：(7,420點－7,350點)×50元/點
＝3,500元。

<u>linda這筆交易的報酬：0→3,500元</u>

・買權空頭價差策略小檔案	
使用時機 ➡	預期小跌時
最大風險 ➡	（較高履約價－較低履約價）×50元/點 －（賣出買權權利金－買進買權權利金）
最大利潤 ➡	賣出買權權利金－買進買權權利金
損益兩平點 ➡	較低履約價＋ （賣出買權權利金點數－買進買權權利金點數）
保證金 ➡	（較高履約價－較低履約價）×50元/點

區間盤漲

預期小漲→賣權多頭價差交易

賣權多頭價差的適用時機在於研判加權指數在履約結算日前偏向於小漲走勢，目標為賺取到期日相同但履約價不同的賣權，兩者之間的權利金價差。

賣權多頭的操作策略是買進一口較低履約價之賣權，同時賣出一口到期日相同但較高履約價的賣權。

這個策略的最大獲利損益為＝賣出賣權收取的權利金－買進賣權支付的權利金。只要在到期日前，加權指數漲幅超過賣權較高履約價，就可以賺取最大獲利。

相反的，如果加權指數不漲反跌，最大的損失則為＝〔兩個賣權履約價的價差×50元/點，再減掉收取的權利金金額〕。這個策略屬價格區間操作性質，最大獲利及風險均有限。

以下以小凱的交易範例做為說明。

投資人小凱預期股市加權指數在20天內屬小漲走勢，決定採用賣權多頭價差策略，買進了一口履約價7,500點，20天後到期的賣權，支付了160點權利金，同時賣出了到期日相同履約價為7,700點的賣權，收取了300點權利金。

首先，來計算這一筆交易的損益兩平點。

賣權多頭價差策略

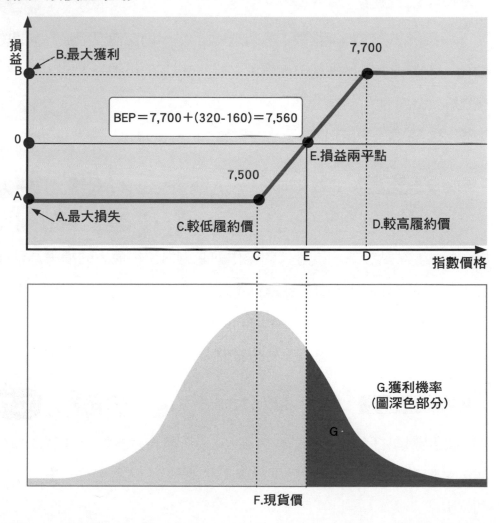

損益

B.最大獲利
B

$$BEP＝7,700＋(320-160)＝7,560$$

0

7,700

7,500

E.損益兩平點

A

A.最大損失

C.較低履約價

D.較高履約價

C　E　D

指數價格

G.獲利機率
(圖深色部分)

G

F.現貨價

　　小凱執行賣權多頭價差策略，一直持有至到期日有以下三種情況。

・到期日 情況① 　指數＞7700 ················· 賺

　　如果20天後，加權指數上漲超越7,700點，則兩個賣權都沒有履約價值，投資人就可以賺到兩個賣權之間的價差（300點－160點）×50元/點＝7,000元。

　　　　　　小凱這筆交易的報酬：0→7,000元

・到期日 情況② 　指數＜7560 ················· 賠

　　相反的，如果加權指數收在損益兩平點7,560點－（300點－160點）＝7,560點之下，投資人的操作就產生損失，最大的損失為跌破較低履約價7,500點，損失金額為（7,700點－7,500點）×50元/點－（300點－160點）×50元/點＝10,000－7,000＝3,000元。

　　　　　　小凱這筆交易的報酬：0→3,000元

・到期日 情況③ 　7560＜指數＜7700 ·········· 小賺

　　如果到期日大盤加權指數來到7,650，因為介於7,560與7,700之間，漲過損益兩平點7,560點，投資人就產生獲利，每多漲一點，就獲利50元。

若結算點數為7,650，則可獲利：（7,650點－7,560點）×50元/點＝4,500元。

<u>小凱這筆交易的報酬：0→4,500元</u>

· 賣權多頭價差策略小檔案

使用時機 ➡	預期市場小漲時	
最大風險 ➡	（較高履約價－較低履約價）×50元/點 －（賣出賣權權利金－買進賣權權利金）	
最大利潤 ➡	賣出賣權收取權利金－買進賣權支付權利金	
損益兩平點 ➡	較高履約價 －（賣出賣權權利金點數－買進賣權權利金點數）	
保證金 ➡	（較高履約價－較低履約價）×50元/點	

區間盤跌

預期小跌→賣權空頭價差交易

賣權空頭價差策略的適用時機，在於研判加權指數價格，在到期日以前屬於小跌的走勢，目標為賺取不同賣權履約價之間的價差。

賣權空頭價差的操作策略為買進一口較高履約價的賣權，同時賣出一口到期日相同但履約價較低之賣權。

採用這個策略的最大獲利損益為兩個不同履約價之間的價差減掉投資成本[（較高履約價－較低履約價）×50元/點－（買進賣權權利金－賣出賣權權利金）]。

而相反的，最大風險為買進賣權所支付之權利金－賣出賣權所收取之權利金。只要在到期日時，加權指數的價格低於較低履約價，該策略即可以獲取利潤。

但萬一失敗，風險也有限，只是兩個權利金一收一付之間的價差而已。

以下以利亞的交易範例做為說明。

投資人利亞預期股市加權指數在20天內為小跌走勢，決定採用賣權空頭價差策略，獲取到期日相同賣權不同履約價之間價差。

利亞買進了一口20天後到期，履約價為7,700點賣權，支付了300點權利金，同時也賣出了一口到期日相同但履約價為7,500點的賣權，

收取了160點權利金。這時，利亞淨付了（300點－160點）×50元/點
＝7,000元的投資成本。

　　首先，來計算這一筆交易的損益兩平點。

賣權空頭價差策略

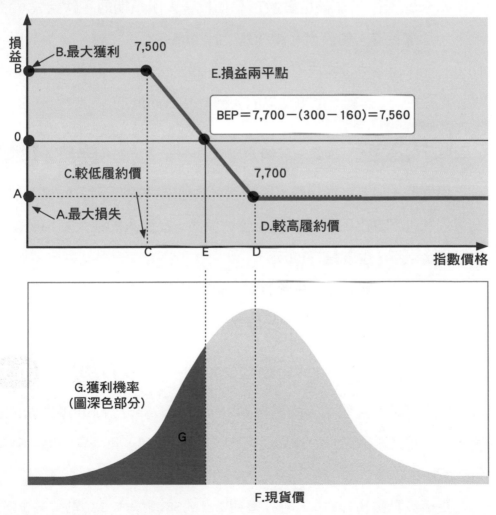

利亞執行賣權空頭價差，一直持有至到期日有以下三種情況：

· 到期日 **情況①** 指數＜7500 ··················· **賺**

如果20天後，加權指數股市果如投資人所預期的，跌到7500點之下，那麼投資人的最大利潤就是（7,700點－7,500點）×50元點＝10,000元，再減掉投資成本7,000元，淨賺3,000元。

利亞這筆交易的報酬：0→3,000元

· 到期日 **情況②** 指數＞7700 ··················· **賠**

相反的，如果加權指數不跌反漲，收盤結算超過了7,700點，那麼投資人買進和賣出的賣權都沒有履約價值，投資人的最大虧損是損失的權利金差額，也就是7,000元。

這個策略的獲利和損失都有限，也不需要繳保證金。

利亞這筆交易的報酬：0→7,000元

· 到期日 **情況③** 7500＜指數＜75800 ··········· **小賺** (T_T)

如果到期日大盤加權指數來到7,530，因為介於7,500與7,580之間，跌過損益兩平點7,580點，投資人就產生獲利，每多跌一點，就獲利50元。

若結算點數為7,530，則可獲利：（7,580點－7,530點）×50元/

點＝2,500元。

<u>利亞這筆交易的報酬：0→2,500元</u>

·賣權空頭價差策略小檔案	
使用時機 ➡	預期市場小跌時
最大風險 ➡	買進賣權權利金 － 賣出賣權權利金
最大利潤 ➡	（較高履約價－較低履約價）×50元/點 －（買進賣權權利金 － 賣出賣權權利金）
損益兩平點 ➡	較高履約價 －（買進賣權權利金點數 － 賣出賣權權利金點數）
保證金 ➡	0

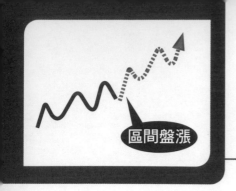

預期小漲→買進期貨賣出買權的交易

買進台指期貨賣出指數選擇權買權策略的適用時機，都是使用在研判股市不會急速下跌，但大漲也不易的小漲走勢上；而整體損益的情形類似賣出賣權的策略。

在買進台指期貨後，又賣出指數選擇權買權，可以收取權利金，而利用台指期貨來規避上漲時買權風險，這樣的組合結果就等於賣出賣權策略。

買進期貨賣出買權策略，通常適用在短線進出上，賣出買權的履約日剩餘天數低於20天，因為只要加權指數變動不大，賣出買權的履約價值隨時間遞減，就能賺到收取的權利金。

此外，雖然買進指數期貨賣出買權策略的風險比單獨買進期貨風險較低（損益兩平點為買進之指數期貨－權利金點數），但往下跌最大風險還是很大，必須非常小心，操作前必須衡量一下，收取買權的權利金是否足夠高到值得你冒險一試。

以下以小雅的交易範例做為說明。

投資人小雅看好加權指數中長期為多頭走勢，決定作多，但又認為漲勢還在醞釀之中，短期大漲也不易，決定採用買進指數期貨，賣出指數買權策略進行交易。

小雅買進了七月份的指數期貨，成交價為7,400點，同時賣出了四口（指數期貨一點為200元，選擇權一點為50元，是1：4）履約價為7,500點的買權，收取了100點×4，共400點（NT\$20,000）權利金。首先，來計算這一筆交易的損益兩平點。

買進期貨賣出賣權

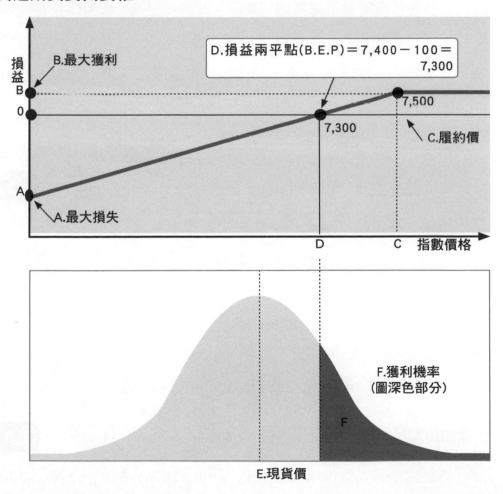

小雅執行買進期貨賣出買權交易，一直持有至到期日有以下三種情況：

・到期日 情況① 指數＜7500 ……………………………… **賺**

七月份台指期貨及選擇權到期時，如果加權指數收盤價格在7,500點以上，那麼投資人的操作就可以獲取最多利潤，38,000元就安全落袋了。（權利金收入20,000＋期指和履約價價差100點×200元/點＝20,000＋20,000元＝40,000元）。

小雅這筆交易的報酬：0→40,000元

・到期日 情況② 指數＞7300 ……………………………… **賠**

如果加權指數不漲反跌，跌破損益兩平點（7,400點－100點＝7,300點），那麼投資人就會陷入虧損，每多跌一點，投資人損失200元（期指1點200元）。

例如：若結算日台指期貨結算便為7,150，則損失＝(7,300＋7,150)×200＝30,000元

小雅這筆交易的報酬：0→30,000元

・到期日 情況③ 7,300＜指數＜7,500 ………… **小賺**

如果到期日大盤加權指數來到7,450，因為介於7,350與7,500之

間，漲過損益兩平點7,300點，投資人就產生獲利，每多漲一點，就獲利50元。若結算點數為7,450，則可獲利：（7,450−7,400）×200＋20,000＝30,000元。

小雅這筆交易的報酬：0→30,000元

·小雅損益分析表

到期指數	買進期貨賣出買權策略	買進期貨策略
6,500	NT$58,000	NT$180,000
6,000	NT$58,000	NT$80,000
5,800	NT$58,000	NT$40,000
5,600	NT$18,000	0
5,510	0	−NT$18,000
5,000	−NT$102,000	−NT$120,000
4,500	−NT$202,000	−NT$220,000

·買進期貨賣出買權交易策略小檔案

使用時機 ➡ 預期小漲格局時

最大風險 ➡ （買進期貨指數−權利金點數）×200/點

最大利潤 ➡ 權利金＋（履約價−買進期指）×200/點

損益兩平點 ➡ 買進之期貨指數−權利金點數

保證金 ➡ 選擇權賣方部分市值＋指數期貨賣方保證金
（一口指數期貨可抵繳四口選擇權賣方保證金）

區間盤跌

預期小跌→賣出期貨賣出賣權的交易

賣出台指期貨賣出指數選擇權賣權策略的適用時機為在加權指數的走勢為小幅下跌情形，短期目標透過賺取賣出賣權所收取之權利金，但利用台指期貨來規避下跌時賣權風險。雖然存續時間長的賣權，可以收取較高的權利金，但是這個策略的風險很高，為了避免突發利空，通常賣出的賣權不超過30天，最好不超過20天。

賣出台指期貨賣出賣權策略是利用收取賣出賣權的權利金，再加上利用賣出期貨避險，其損益狀況和賣出買權策略的作法相同，只要加權指數價格下跌，那麼賣出賣權所收取的權利金就能安全獲利。

但是，如果加權指數價格大漲，採用這個策略的風險就變成無限大，必須要非常小心，以免損失慘重。

以下以小明的交易範例做為說明。

投資人小明看空加權指數但又認為短期內不會大跌，決定採用賣出期貨賣出賣權策略，來賺取權利金。

小明賣出了七月份指數期貨，成交價為7,600點，同時賣出了4口同時到期，履約價為7,400點的賣權，收取了100×4共400點權利金（NT＄20,000）。

首先，來計算這一筆交易的損益兩平點。

買進期貨賣出賣權

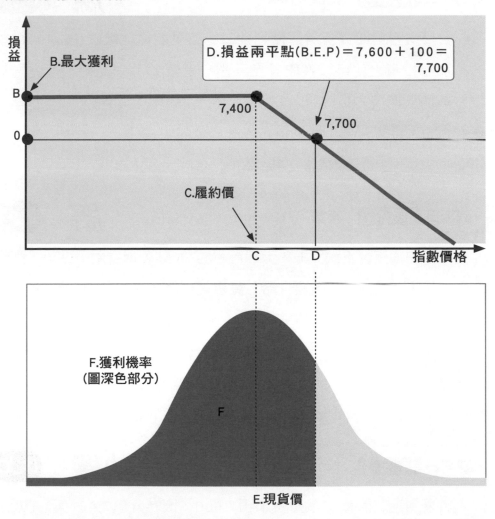

損益

B.最大獲利

D.損益兩平點(B.E.P)＝7,600＋100＝
7,700

B

7,400

0

7,700

C.履約價

C

D

指數價格

F.獲利機率
（圖深色部分）

F

E.現貨價

小明執行賣出期貨賣出賣權的交易，一直持有至到期日，有以下三種情況：

・到期日 情況① 指數＜7400…………………………… 賺

　　七月份台指期貨及選擇權到期時，如果加權指數收在7,400點以下，那麼投資人就可以獲取最多利潤，不但20,000元權利金完全落袋，再加上期指7,600點和履約價7,400點的價差200點×200元/點＝40,000元，投資人一共賺進60,000元。

<u>小明這筆交易的報酬：0→60,000元</u>

・到期日 情況② 指數＞7700………………………… 賠

　　如果加權指數不跌反漲，上漲超過7,700點（損益兩平點），那麼投資人就陷入虧損，每多漲一點，投資人就損失200元，必須非常小心並設定停損點。

　　例如：若結算日台指期貨結算價為7,850，則損失：(7,850－7,700)×200＝39,000

<u>小明這筆交易的報酬：0→39,000元</u>

・到期日 情況③ 7400＜指數＜7700…………… 小賺

　　如果到期日大盤加權指數來到7,650，因為介於7,400與7,700之

間，跌過損益兩平點7,700點，投資人就產生獲利，每多跌一點，就獲利50元。

若結算點數為7,550，則可獲利：（7,650－7,600）×200＋20,000＝30,000元。

<u>小明這筆交易的報酬：0→30,000元</u>

· 小明損益分析表

到期指數	買進期貨賣出買權策略	買進期貨策略
6,500	－NT$156,000	－NT$180,000
6,000	－NT$56,000	－NT$80,000
5,800	0	－NT$24,000
5,600	NT$24,000	0
5,510	NT$64,000	NT$40,000
5,000	NT$64,000	NT$120,000
4,500	NT$64,000	NT$180,000

· 賣出期貨賣出賣權交易策略小檔案

使用時機	➡	預期小跌時
最大風險	➡	無限
最大利潤	➡	權利金＋（賣出期指－履約價）×200元/點
損益兩平點	➡	賣出期指指數＋權利金點數
保證金	➡	選擇權賣方部分市值＋指數期貨方保證金（一口指數期貨可抵繳四口選擇權賣方保證金）

09 **如何管理已交易之部位及停損?**

　　一般人開始進行選擇權交易之後,每天就必須要注意管理交易的部位,在台指選擇權市場中,投資人管理交易部位除了要了解交易是否獲利或虧損,另外交易部位的風險管理才是最重要的。

▷ **選擇權買方交易部位的管理要點**

　　選擇權買方最大的風險是買進的權利金,有兩大管理要點:

買方管理重點 ① 檢視停損比例

　　要檢視的是整體虧損是否超過設定的停損比例(20%),如果已超過停損比例,表示所操作的策略已經與市場趨勢變化完全相反或已超出預期,這時應該就要嚴格執行停損。

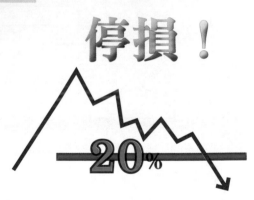

買方管理重點 ② 切忌盲目向下攤平

　　將交易部位結束後再進行檢討修正,然後再重新開始。千萬不要一直進行往下攤平或是加碼的動作,因為這時整體操作策略錯誤後若執意加碼攤平,這是不理性的作法,會產生更大虧損。

　　因此,對於選擇權買方的風險管理就是嚴格執行停損的操作。

而選擇權買方停利的方式，可以達到預期的獲利比例來作為停利的目標。

選擇權交易的保證金狀態也是交易後部位管理必須要注意的的重點。不過，對於選擇權買方而言，因為買方只支付權利金交易，並不是支付保證金，也沒有保證金追繳的問題。

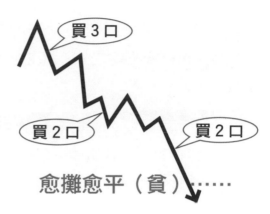

▷　**選擇權賣方交易部位的管理要點**

選擇權賣方的最大風險是無限的，因此對於選擇權賣方風險管理就是交易之後最重要的工作。因為所承受之風險是無限的，若不嚴加的控管，只要一次巨大的變化就會失控，甚至產生超額損失。

擔任選擇權賣方也有兩大管理要點：

賣方管理重點　①　　交 易 前 的 風 管 策 略

選擇權賣方再進行交易之前一定要先想好風險管理的策略與方法，否則當巨大變動發生時將無法控制。

對於選擇權賣方而言，保證金的狀態是必須時時刻刻管理的。若市場朝反方向進行時，就有可能面臨期貨商保證金追繳。若不即時補足保證金，期貨商就會進行反向沖銷的斷頭交易，因此選擇權賣方除了注意市場變動風險之外，還要注意保證金不足的風險。

賣方管理重點 ② 有 隨 時 停 損 的 準 備

選擇權賣方風險極高，停損的方法是採取除了將交易的選擇權部位平倉外；另外也可以採取利用期貨進行避險的動作。但是，不管策略如何完美，最重要的還是不能放任自己出現猶豫或反向攤平。

總之，選擇做選擇權的賣方，停損的動作都必須即時的操作，稍有猶豫或是攤平就會產生更大損失。停損時，可以從損益兩平的位置點來進行判斷，當交易部位來到選擇權賣方的損益兩平點時，表示賣方將進入虧損狀態，因此必須採取停損動作。

損益兩平點計算公式：

賣出買權損益兩平點＝履約價＋權利金

賣出賣權損益兩平點＝履約價－權利金

▷ 賣方權益數變化與部位風險控管

　　交易選擇權時，帳戶權益數在完成權利金收付後即固定不變（不會隨著行情漲跌而變動），不同於交易期貨時，帳戶權益數會隨時依部位價格變化而浮動。

　　但如果是選擇權賣方部位，其保證金計算並非固定金額，而是隨時依標的指數與權利金之價格變化而浮動（行情不利於持有部位時，保證金會拉高而發生追繳情形）；因此，持有選擇權賣方部位的風險控管應參考其保證金浮動情況或期權清算淨值。

維持率

　　維持率是指投資人帳戶權益數和原始保證金比率。若比率低於100%，則表示該帳戶保證金不足的狀態，隨時有可能被追繳保證金。

10 ## 選擇權如何獲利出場？

　　當我們了解各項選擇權操作策略後，開始進行交易後最重要的是何時該結束交易呢？

　　結束交易有兩種方式，就是停利或停損。對於獲利的投資人執行停利是為了保持既有的獲利；而對於虧損的投資人執行停損是為了讓虧損不再擴大，讓剩下的資金仍可以進行交易。

▷　選擇權買方如何進行停利？

　　對於選擇權買方，不管是買進買權或是賣權，選擇權的價值除了會隨著到期日的接近而損失時間價值外，當預期的市場方向已經實現或進場條件已經消失，這時必須適時進行停利的機制來確保既有的獲利。

買方停利時機 ① 繼續獲利機率變小時

　　當市場的方向與預期的結果相同時，而交易部位也處於獲利狀態，經判斷再繼續獲利的機率開始變小，投資人必須積極的尋找停利點，以確保獲利不會減少。

買方停利時機 ② 當初進場理由消失時

　　若當初因某些理由進場交易而建立交易部位，而隨著市場變化，這些理由消失後，此時投資人應開始進行停利的動作。

▷ 選擇權賣方如何進行停利？

對於選擇權賣方，不論是賣出買權或是賣權，其最大獲利是權利金的收取，當然在正常沒有發生停損的情況時，選擇權賣方的最大獲利是將交易部位留置到結算。但是，若是期間因行情的變動已超出預期所設定的區間，選擇權賣方應就已獲利部位進行停利動作，否則到最後可能無法確保獲利部位。

賣方停利時機 ③   行情接近獲利位置

當預期賣出的區間已接近最低獲利位置時，選擇權賣方應進行停利動作。

賣方停利時機 ③   已達到設定的停利點

設定一定比例的停利點，例如依過去的市場資料統計，在何種隱含波動率、指數區間等條件下，平均獲利為20%，當以達到時可以進行停利動作。

6 章

OPTION

掌握
價格波動

從總體經濟面如何捉行情？

台指選擇權的交易標的就是大盤指數，到底要依據哪些資訊來進行分析判斷呢？首先，要留意的是總體經濟面。

大家經常會聽到一句話「股市是經濟的櫥窗」，這句話所代表的意義是「所有投資人對於未來經濟的預期，都會反應在股市的投資交易上」意思是說，所有投資人對於未來經濟的變化都有預期，不管是多頭或是空頭的看法，透過股市的投資與交易機制反映於現在的市場，所以，大盤指數的漲跌就代表所有投資人對於未來經濟的多空好壞看法。而經濟數據的報告通常落後股市的反應，但是也有其重要的參考依據。

大部分法人或是專業投資人會觀察哪些重要的經濟數據呢？

▷ **GDP國內生產總值**

國內生產總值（Gross Domestic Product，簡稱GDP），亦稱國內生產毛額或本地生產總值，是一個領土面積內的經濟情況的度量。它被定義為在一個國家地區內一段特定時間（一般為一年）裡生產的所有最終商品和服務的市價。

一般人常說的GDP多少％？

其實真正指的是實質GDP的「變動率」以代表經濟成長率；一般而言，經濟成長率在已開發國家經常維持在3％～5％，而在開發中或未開發國家則在8％～10％的水準。但若成長率已呈現負值，則表示經濟

已嚴重研退。經濟成長率是指實質GDP的變動率，而不是只有指GDP而已。而這些資訊要去哪裡找呢？

建議可以上政府的官方網站：行政院主計處（www.dgbas.gov.tw）或台灣綜合研究院（www.tri.org.tw），商業網站像鉅亨網（www.cnyes.com）也不錯。

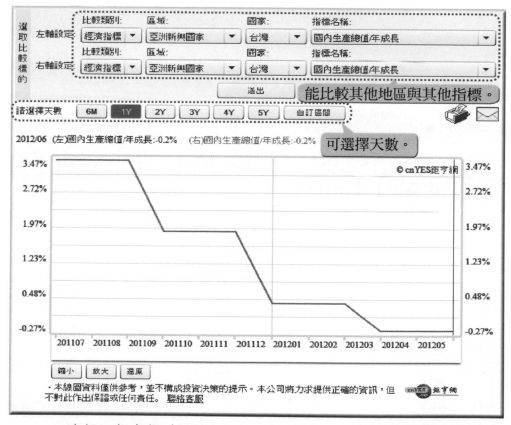

路徑：鉅亨網（www.cnyes.com）→總經→經濟指標追蹤

▷ **整體股市的本益比**

股票市場中每一種股票的本益比都不一樣，因此若要計算整個市場的本益比，要將個股的股價和稅後純益加以平均。平均的方法依照所採用的權數不同，可分成簡單算術平均和發行量加權平均兩種。簡單算術平均賦予每一種股票相同的權數，而發行量加權平均則以各種股票的發行股數當作權數。若是市場本益比過高(一般本益比在25～30算過高)，表示市場已經過熱或是高估；如果過低(一般本益比在10以下算過低)表示過度悲觀與低估。

建議可從官方網站：金管會證期局（www.sfb.gov.tw）或商業網站MoneyDJ（www.moneydj.com）找資料。

	A	B	C	D	E	F	G
1	【其他資訊】【Others】						
2	一、上市股票平均每股市值、盈餘、淨值及本益比						
3	、周轉率之比較(24)						
4	1. General Market Performance of TWSE Campanies (24)						
5,6,7	年 Year	平　均 每股市值 Average Market Value Per Share	平　均 每股盈餘 Average Earnings Per Share	平　均 每股淨值 Average Net Value Per Share	本益比 P/E Ratio	成交值 周轉率(%) Turnover Ratio (%)	市值占 GDP 比　率(%) Market Value to GDP (%)
42	2012	32.14	1.38	21.08	21.68	51.94	(f)140.91
43	Jan.	33.20	1.91	20.28	16.74	6.61	(p)144.28
44	Feb.	35.85	1.91	20.26	18.11	12.57	(p)155.97
45	Mar.	35.06	1.62	20.75	20.68	10.61	(p)152.62

以2012年6月為例，上市股市本益比為21.68。

金管會證期局（www.sfb.gov.tw）→金融資訊→證券統計資料→市場重要指標

▷ 波羅的海乾散貨指數

波羅的海乾散貨指數或波羅的海綜合指數(Baltic Dry Index，縮寫作BDI)是航運業的經濟指標，它包含了航運業的乾散貨交易量的轉變。BDI指數一向是散裝原物料的運費指數。一般投資人視這項指數為景氣榮枯的指標。

散裝船運以運輸鋼材、紙漿、穀物、煤、礦砂、磷礦石、鋁礬土等民生物資及工業原料為主。因此，散裝航運業營運狀況與全球經濟景氣榮枯、原物料行情高低息息相關。故波羅的海指數可視為經濟領先指標。一般認為，BDI指數2000點是航運公司的盈虧線，跌破2000點後，所有航運公司都是虧損運營。3000～5000點表示景氣熱絡，5000點以上景氣有過熱的疑慮。

建議可以從StockQ網站(www.stockq.org)或鉅亨網站(www.cnyes.com)找資料。

波羅的海－乾散裝型(Dry)

👍讚 ▊70人說讚。快免費註冊來查看你的朋友對什麼說讚。

日期	收盤價	漲跌	漲%	開盤價	最高價	最低價	昨收
20120810	774.000	-16.00	-2.03	774.000	774.000	774.000	790.000
績效表現							
一週	一個月	三個月	六個月	今年以來	一年	三年	五年
-9.15	-33.28	-32.46	8.25	-55.47	-38.81	-71.22	-88.96

路徑：鉅亨網（www.cnyes.com）→金融→原物料→航運價格指數

從資金面如何捉行情？

　　股市的交易最重要的就是資金，可以從股市的買進或是賣出資金來源區隔，分成兩類資金來源。

⑴新進入股市或是離開股市的資金，例如：新投入股市的資金或是賣出離開股市的資金；

⑵經常性買賣交易股市的資金，例如：外資、投信、自營的資金，經常性在市場交易的資金。

▷　**新進入股市或是離開股市的資金：**

　　新進入股市或離開股市的資金流向可以從M1與M2的變化來觀察。

■　M1A 貨幣總計數

　　M1A表示金融機構以外的各行各業目前流通所持有的通貨淨額、支票存款及活期存款的總合。

　　也就是社會大眾手中持有的貨幣，再加上企業及個人與非營利團體儲存在銀行與基層金融機構的支票存款及活期存款(注意：不包括定存)。

　　M1A =

　　（通貨發行額－金融機構的庫存現金）＋支票存款＋活期存款

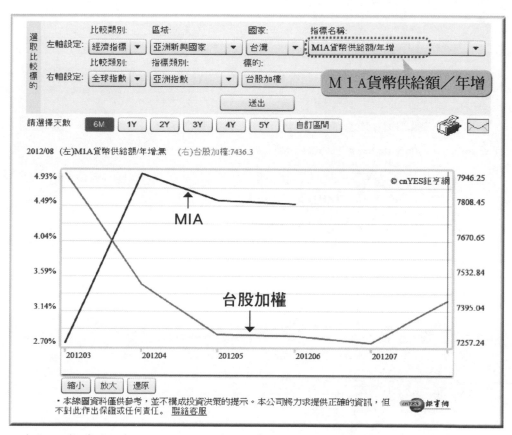

・本線圖資料僅供參考，並不構成投資決策的提示。本公司將力求提供正確的資訊，但不對此作出保證或任何責任。 聯絡客服

路徑：鉅亨網（www.cnyes.com）→金融→指標透視鏡→經濟指標比較

■ M1B 貨幣總計數

M1B包括通貨淨額、支票存款以及活期存款與活期儲蓄存款3大項（依中央銀行定義）。以數學記號表示如下：

M1B＝通貨淨額＋存款貨幣＝M1A＋個人企業及個人(含非營利團體)在貨幣機構的活期儲蓄存款

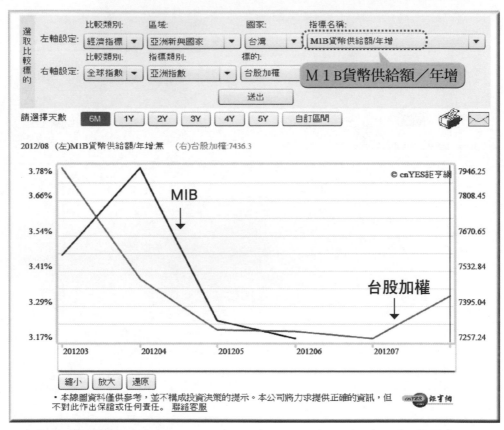

路徑：鉅亨網（www.cnyes.com）→金融→指標透視鏡→經濟指標比較

■ M2 廣義貨幣供給額

　　M2是貨幣供給額項目之一，是中央銀行用以衡量經濟情勢主要項目之一，以數學記號表示如下：

M2＝M1B＋準貨幣

　　簡單來說，M1A ＝ 國人所有的短期流通資金

M1B ＝ M1A ＋ 活期儲蓄存款

M2 ＝ M1B ＋ 國人所有的定期存款(包括台幣及外幣)

　　一般來說，M1A與M1B年增率大幅增加，顯示民眾較願意持有活期存款，進而可能反應股市交易熱絡，因一般的投資報酬率高於銀行存款，民眾因而將定存轉為活存。

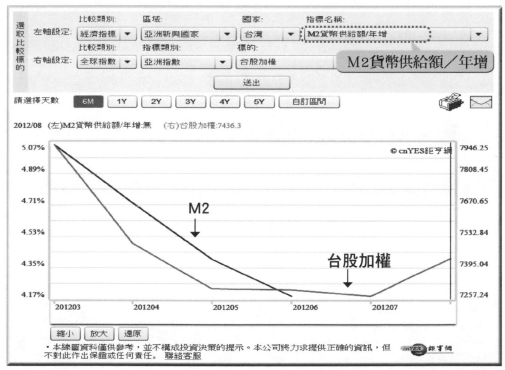

　　路徑：鉅亨網（www.cnyes.com）→金融→指標透視鏡→經濟指標比較

　　一般M1B年增率的波動程度通常會超過M2年增率，M1B年增率若

在5%以下，金融交易活動可能有趨緩的疑慮，若在5%以上金融交易活動正常發展，超過10%表示金融交易活動轉趨熱絡，M2年增率波動較小，5%以下表示動能趨緩，5%以上表示金融交易轉趨熱絡。

由M1A、M1B、M2三者間的變化可分析一個國家的經濟活動，例如M1A、M1B上揚會帶動M2年增率的上升，顯示金融交易熱絡；但若M1A、M1B上揚，而M2下降則可能代表金融交易趨緩。

一般會用 M1B 的變動率衡量股票資金動能，M1B 增加表示股票資金動能增加；反之亦然。相關資料建議由官方網站：中央銀行(重要金融指標)(www.cbc.gov.tw)或商業網站鉅亨網（www.cnyes.com）找尋。

▷ **經常性買賣交易股市的資金。**

經常性買賣交易股市的資金，主要可以從每日外資、投信、自營、融資、券、借還券等買賣超金額的變化來觀察。

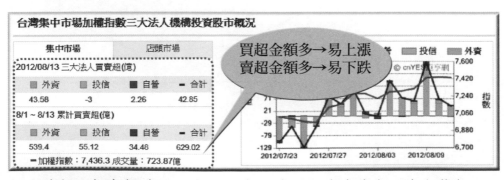

路徑：鉅亨網（www.cnyes.com）→台股→資金流向→法人動向

從籌碼面如何捉行情？

當買超金額累計變多，股市就上漲；賣超變多，股市就下跌。

對於資金的動向理解後，再進一步分析到底這些資金的變化是買進或是賣出哪些股票？

首先當然要先分析三大法人的買賣超股票排行，從中了解法人目前的動向，接著就是散戶的融資、券變化；另外還有借券、還券的相關資訊。從以上的買賣超股票排行中，可以了解目前那些股票是法人買進或是賣出，散戶買進或是賣出。相關資料建議由官方網站：台灣證券交易所（www.twse.com.tw）或商業網站鉅亨網（www.cnyes.com）、MoneyDJ網站(智慧選股)（www.moneydj.com）找尋。

路徑：鉅亨網（www.cnyes.com）→台股→資金流向→法人動向

Question **04** 　　**當沖、中長線，分別如何捉大盤多空？**

　　影響加權指數的因素相當多，一般投資人想要非常準確判斷每日加權指數的多空漲跌點數是比較困難的事情；但是，我們可以判斷的是一段短時間(周)或是中長時間(月、季)的多空漲跌機率。

　　為何是如此呢？

　　因為一日時間內影響多空的因素較多，而中長期的多空在經濟基本面的支撐下，可以有比較具體的方向變化。

　　但是還是有一些屬於從事每日當沖交易的投資人，他們該如何判多空呢？

　　以下就每日當沖與中長期交易這兩種不同投資類型的需求，對行情的判斷與其交易原則進行說明。

▷　**每日當沖交易的投資人**

當沖交易需要隨時掌握的資訊

　　1.昨日國際股市的漲跌變化與重大國際新聞

　　2.今日重大新聞與訊息

　　3.開盤後各漲跌產業與指數的變化

　　4.開盤後期貨正逆價差的變化

　　5.盤中亞洲各重要國家指數及美國重要指數期貨電子盤的漲跌

　　6.盤中國內外重要重大訊息公布

▶ 1.昨日國際股市的漲跌變化與重大國際新聞

自選	亞洲	港陸	歐美澳	國際期貨		
名稱	昨收價	成交價		漲跌	漲跌幅	
道瓊工業	13,343.50	13,331.10	▼	12.40	0.09%	
那斯達克	3,005.62	3,012.31	▲	6.69	0.22%	
費城半導體	364.92	367.44	▲	2.52	0.69%	
標普500	1,433.19	1,432.29	▼	0.90	0.06%	
倫敦時報	5,896.15	5,881.88	▼	14.27	0.24%	
德國指數	7,380.64	7,339.39	▼	41.25	0.56%	
法國指數	3,504.56	3,490.28	▼	14.28	0.41%	
羅素2000	821.00	820.89	▼	0.11	0.01%	
澳洲ASX	4,580.90	4,564.60	▼	16.30	0.36%	

來源：台灣工銀證券E快客下單系統

▶ 2.今日重大新聞與訊息

新聞分類	國際新聞	▼	查詢日期	2012/10/22	▼	搜尋關鍵字
日 期	時 間				標 題	
2012/10/22	17:01	《亞股》新加坡海峽時報指數收盤為3048.28點，跌0.64點				
2012/10/22	16:17	《亞股》香港恆生指數收盤為21697.55點，漲145.79點				
2012/10/22	16:03	《國際經濟》印尼上季FDI創歷史新高				
2012/10/22	15:37	《國際經濟》復甦止步，日銀下修八區經濟評估				
2012/10/22	14:41	《韓股》跌幅收斂，韓股收低0.1%				
2012/10/22	14:32	《日股》日銀可望再寬鬆，日股收漲0.1%				
2012/10/22	14:25	《國際產業》三大事業同樂，飛利浦營收獲利躍增				
2012/10/22	14:17	《亞股》日本日經225指數收盤為9010.71點，漲8.03點				
2012/10/22	11:50	《國際經濟》為降息鋪路，澳洲下修預算盈餘、GDP增長預測				
2012/10/22	10:39	《國際政治》加利西亞區選舉，西班牙執政黨拿下				

來源：台灣工銀證券E快客下單系統

▶ 3.開盤後各漲跌產業與指數的變化

| 自選報價 | 庫存股 | 個股主題 | 個股排行 | 類股行情 | 期貨近月 | 期貨報價 | 選擇權報價 | 選擇權跨月 | 國際股匯市 | 興櫃行情 |

○ 上市 ○ 上櫃

類股名稱	指數	漲跌	漲跌幅	金額	漲停	上漲	平盤	下跌	跌停	成交
加權指數	7,373.04	▼ 35.72	0.48%	494.78	9	1,330	392	2,730	20	4,481
不含金融	6,288.65	▼ 28.73	0.45%	439.44	8	171	82	500	1	762
不含電子	11,302.17	▼ 74.91	0.65%	155.04	4	100	49	265	1	419
水泥窯製	527.81	▲ 0.27	0.05%	5.28		1	2	8		11
食 品 類	1,091.37	▼ 10.49	0.95%	4.55		1	1	18		20
塑 化 類	767.22	▼ 7.35	0.94%	22.81		9	1	24		34
紡 纖 類	409.00	▼ 1.67	0.40%	5.25		19	2	25		46
機 電 類	1,544.18	▼ 4.70	0.30%	325.01	6	84	45	296		431
造 紙 類	159.91	▲ 0.71	0.44%	0.50		3	1	3		7
營 建 類	271.28	▼ 1.94	0.71%	7.61		6	6	27		39
金 融 類	798.79	▼ 5.41	0.67%	31.51		5	3	27		35

來源：台灣工銀證券E快客下單系統

▶ 4.開盤後期貨正逆價差的變化

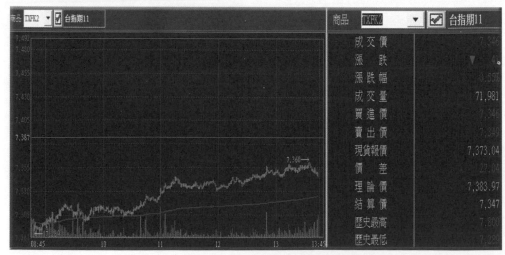

來源：台灣工銀證券E快客下單系統

▶ 5.盤中亞洲各重要國家指數及美國重要指數期貨電子盤的漲跌

名稱	昨收價	成交價	漲跌	漲跌幅
道瓊期貨	13,252.00	13,265.00	▲ 13.00	0.10%
那指100期	2,664.00	2,670.00	▲ 6.00	0.23%
小道瓊期	13,252.00	13,270.00	▲ 18.00	0.14%
小那指期	2,664.00	2,678.25	▲ 14.25	0.53%
摩根早盤	263.10	262.00	▼ 1.10	0.42%
摩根電子	262.00	261.50	▼ 0.50	0.19%

來源：台灣工銀證券E快客下單系統

▶ 6.盤中國內外重要重大訊息公布

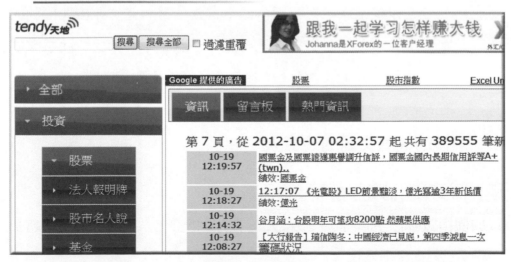

來源：天地資訊

當沖交易的判斷原則

1. 每日盤中買進與賣出需有理性的依據，包括自己研究指標，像KD、MACD、RSI等等

2. 每的盤中的買進與賣出、停損與停利，都要嚴格執行

3. 每日買進與賣出的部位，在收盤前需全部平倉

4. 需有可供快速交易的好用平台

5. 需有手續費低的期貨商

6. 每日交易完成後，一定要檢討當天賺賠的情況，誠實的面對自己，並對策略加以調整

　　當沖交易需要專注於每日盤中即時的變化並快速買進賣出，當沖者也需要理性較準確多空判斷指標做為買賣依據。當然停損與停利的執行一定要嚴格，不能有猶豫或是再攤平甚至ㄠ單，如此，除了整體交易邏輯與節奏全部亂掉之外，情緒化的交易後果會相當慘。

▷　中長時間的交易的投資人

中長期交易者需要了解與掌握的資訊

1. 加權指數(周、月、季)、三大法人融資券借券、八大行庫的買賣超及融資(券)維持率變化

2.加權指數(周、月、季)、三大法人融資券借券、八大行庫的買賣持股標的變化

3.未來(周、月、季)國內外重要經濟指標與經濟事件的預期變化

4.期貨選擇權三大法人淨多空未平倉口數與持倉成本的變化

5.期貨的正逆價差與選擇權隱含波動率高低變化

6.國際重要國家指數漲跌變化(周、月、季)

7.未來加權指數除權息點數的影響

8.未來經濟成長率預估與加權指數本益比預估

　　大盤指數每日的漲跌與成交量主要都受到三大法人的交易情形影響，要先從上述的買賣超情況來了解。

　　而想了解大盤漲跌，首先要建立整體觀察念，也就是要整體的去分析三大法人、融資券、借還券等買賣超的情形。以下將附圖逐一說明。

1. 加權指數(周、月、季)三大法人融資券借券八大行庫的買賣超、融資(券)維持率變化

▶ **當日買賣超結構**

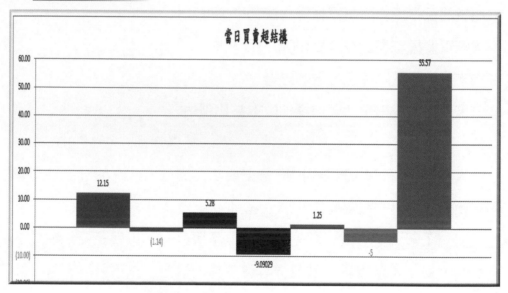

來源：網站www.stockone.com.tw

有些投資人通常只看三大法人的買賣超狀況就判斷該買或是該賣，或是只看融資券就做決策。這些都是較不完整的判斷方式，我們應該從整體的角度去分析判斷才能了解市場的情況，例如：每日的買賣超狀況是法人買超，融資賣超，或是融資維持率、融券維持率等其他情況，才能了解目前的市場是處於何種狀況，再進行判斷是比較好的做法。我們把幾種情形做一個分析，提供大家參考。

	狀況一	狀況二	狀況三	狀況四	狀況五
外資	＋	－	＋	－	＋
投信	＋	－	＋	－	－
自營	＋	－	＋	－	＋
融資	＋	－	－	＋	＋
融券	＋	＋	＋	＋	＋
借券賣出	－	＋	－	＋	－
還券	＋	－	＋	－	＋
漲跌/多空	多頭趨勢	空頭趨勢	❶ 若三大法人的買超量大於散戶賣超量，為多頭趨勢。 ❷ 若三大法人的買超量小於散戶賣超量，為空頭趨勢。	❶ 若三大法人的賣超量大於散戶買超量，為空頭趨勢。 ❷ 若三大法人的賣超量小於散戶買超量，為多頭趨勢。	各法人買賣超量都不一致，為盤整趨勢。

註:「＋」代表買超　「－」代表賣超

▶ 加權指數與八大行庫

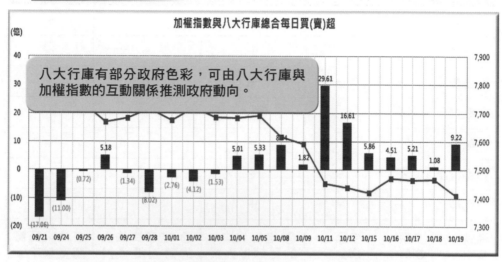

來源：Cmoney理財寶→財工達人→八大行庫買賣超

▶ 外資買賣超金額

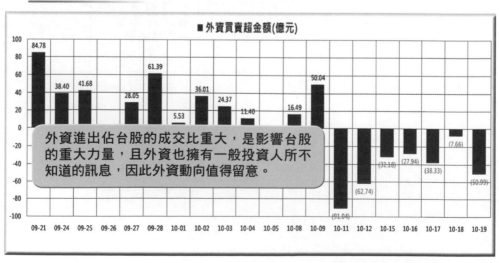

來源：Cmoney理財寶→財工達人→大盤買賣超籌碼大搜

▶ 投信買賣超金額

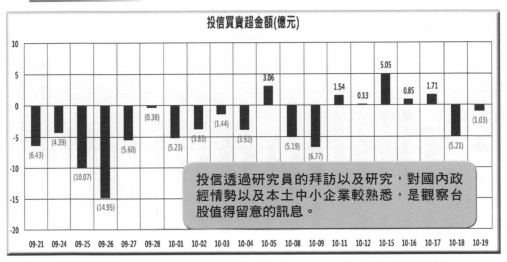

來源：Cmoney理財寶→財工達人→大盤買賣超籌碼大搜查

▶ 自營買賣超金額

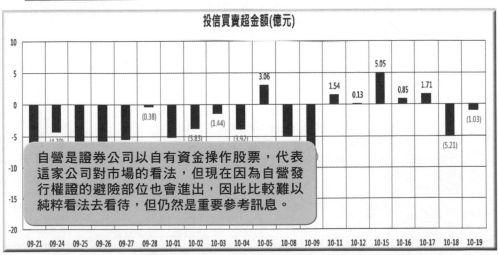

來源：Cmoney理財寶→財工達人→大盤買賣超籌碼大搜查

▶ 借券賣出還券金額

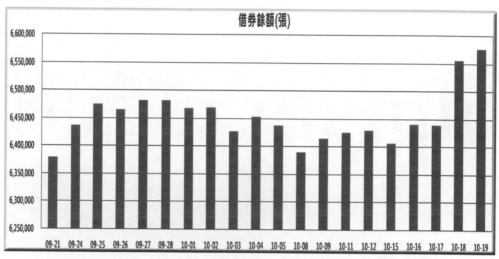

來源：Cmoney理財寶→財工達人→大盤買賣超籌碼大搜查

▶ 自營買賣超金額

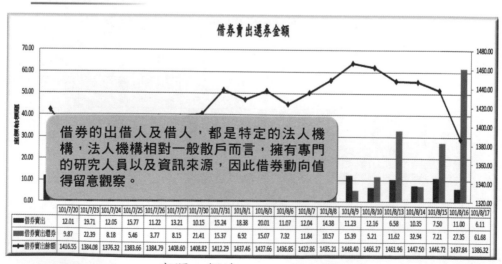

借券的出借人及借人，都是特定的法人機構，法人機構相對一般散戶而言，擁有專門的研究人員以及資訊來源，因此借券動向值得留意觀察。

	101/7/20	101/7/23	101/7/24	101/7/25	101/7/26	101/7/27	101/7/30	101/7/31	101/8/1	101/8/3	101/8/6	101/8/7	101/8/8	101/8/9	101/8/10	101/8/13	101/8/14	101/8/15	101/8/16	101/8/17
借券賣出	12.01	19.71	12.05	15.77	11.22	13.21	10.15	15.24	18.38	20.01	11.07	12.04	14.38	11.23	12.16	6.58	10.35	7.50	11.00	6.11
借券賣出還券	9.87	22.39	8.18	5.46	3.77	8.15	21.41	15.37	6.92	15.07	7.32	11.84	10.57	15.39	5.21	11.62	32.94	7.21	27.35	61.68
借券賣出餘額	1416.55	1384.08	1376.32	1383.66	1384.79	1408.60	1408.82	1412.29	1437.46	1427.66	1436.85	1422.86	1435.21	1448.40	1466.27	1461.96	1447.50	1446.72	1437.84	1386.32

來源：網站www.stockone.com.

▶ 融資買賣超金額

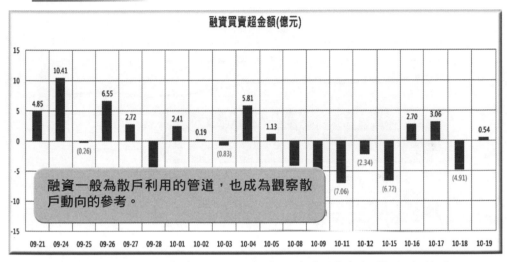

來源：Cmoney理財寶→財工達人→大盤買賣超籌碼大搜查

▶ 融券買賣超張數

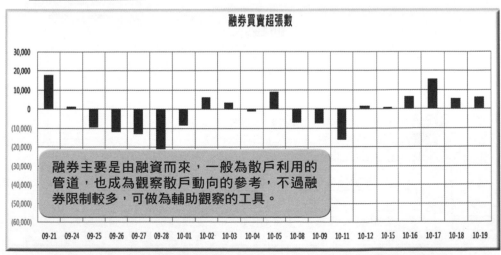

來源：Cmoney理財寶→財工達人→大盤買賣超籌碼大搜查

▶ **融資維持率**

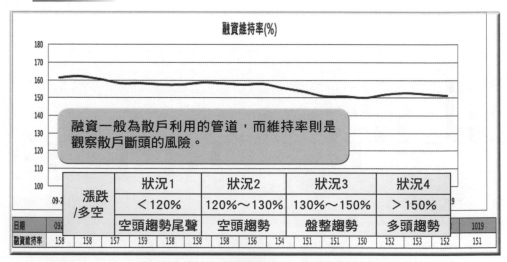

		狀況1	狀況2	狀況3	狀況4
漲跌/多空		＜120%	120%～130%	130%～150%	＞150%
日期	09...	空頭趨勢尾聲	空頭趨勢	盤整趨勢	多頭趨勢	1019

融資一般為散戶利用的管道，而維持率則是觀察散戶斷頭的風險。

日期	092														1019
融資維持率	158	158	157	159	158	158	158	156	154	151	151	150	152	153	152	151

來源：Cmoney理財寶→財工達人→大盤買賣超籌碼大搜查

▶ **融券維持率**

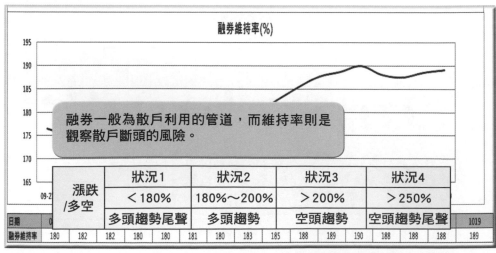

		狀況1	狀況2	狀況3	狀況4
漲跌/多空		＜180%	180%～200%	＞200%	＞250%
		多頭趨勢尾聲	多頭趨勢	空頭趨勢	空頭趨勢尾聲

融券一般為散戶利用的管道，而維持率則是觀察散戶斷頭的風險。

日期	09-2...														1019
融券維持率	180	182	182	180	180	181	180	183	185	188	189	190	188	188	188	189

來源：Cmoney理財寶→財工達人→大盤買賣超籌碼大搜查

2. 加權指數(周、月、季)三大法人融資券借券八大行庫的買賣持股標的變化

▶ **加權指數三大法人融資券借券八大行庫買賣持股**

外資-買超分析以以1日為準				個股資訊		外資買賣超金額(千元)			
1日名次	5日名次	10日名次	20日名次	股票代號	股票名稱	近1日	近5日	近10日	近20日
1	3	3	3	1101	台泥	354,747	747,875	1,136,171	1,767,989
2	2	4	8	3481	奇美電子	72,842	327,108	308,844	429,719
3	11	12	23	2489	瑞軒	118,106	171,938	327,793	406,000
4	8	5	4	9904	寶成工業	150,397	294,868	721,085	1,423,716
5	1	1	2	2409	友達	46,601	713,376	507,127	973,864
6	5	11	18	3042	晶技	191,929	652,659	713,223	1,117,413

自營-買超分析以以1日為準				個股資訊		自營買賣超金額(千元)			
1日名次	5日名次	10日名次	20日名次	股票代號	股票名稱	近1日	近5日	近10日	近20日
1	1	3	3	3022	威達電	77,829	97,688	114,434	117,111
2	2	2	28	1314	中石化	17,546	58,357	100,936	1,512
3	4			2883	開發金	5,239	9,949		
4	11		40	4904	遠傳	40,716	51,776		9,631
5	3	10		1402	遠東新	18,696	52,712	37,586	
6	25	26		4128	中天生技	13,966	14,345	15,102	

投信-買超分析以以1日為準				個股資訊		投信買賣超金額(千元)			
1日名次	5日名次	10日名次	20日名次	股票代號	股票名稱	近1日	近5日	近10日	近20日
1	3	5	6	1101	台泥	168,126	260,778	374,809	440,632
2	1	1	1						
3	6	7	10						
4	5								
5	2	4	8						
6	19			2884	玉山金	23,884	30,845		

> 從法人買賣超的排名中瞭解法人目前所買超的股票，或是所賣超的股票。追蹤法人過去一段時間買賣的股票是否具有延續性，或是換股的頻率與產業族群等變化。

Cmoney理財寶→財工達人→法人買賣超結構分析

3. 未來(周、月、季)國內外重要經濟指標與經濟事件的預期變化

金融	StockQ 外匯 期貨 黃金 債券 宏觀 經濟指標 金融行事曆 央行專區 風險指標 奢侈品

財經月曆	全球休市市場	國際大事預	經濟指標反映實體市場的狀況,而經濟指標 與市場預期落差太大則股市可能會出現較大 的波動,經濟狀況與市場預期是影響市場的 重要因素。

《 2012 》　一月 二月 三月 四月
　　　　　　Jan Feb Mar Ap

1 2 3 4 5 6 7 8 9 10 11 12 13 14 15 16 17 18 19 20 21 **22** 23 24 25 26 27 28 29 30 31

2012年10月22日 星期一

經濟指標預告 選擇洲別 [全球國家 ▼] 　選擇國家 [選擇全部 ▼] 　預告區間 [當日 ▼] 　[查詢]

時間	地區	項目	重要性	前值	市場預估	結果	前值修正
10/22 07:50	日本	<9月>貿易餘額/IMF公布(日圓)	高	-0.47兆	-0.44兆	-98兆	
10/22 08:30	台灣	<9月>失業率/經調整	高	4.29%		4.32%	
10/22 21:00	墨西哥	<8月>零售與躉售銷售(年增)	中	2.6%	2.2%		

2012年10月21日 星期日

經濟指標預告 選擇洲別 [全球國家 ▼] 　選擇國家 [選擇全部 ▼] 　預告區間 [當日 ▼] 　[查詢]

時間	地區	項目	重要性	前值	市場預估	結果	前值修正

附註:SA=經季節性調整、NSA=未經季節性調整、WDA=經工作日調整。

全球休市市場

日期	國家	內容
10/24	印度	達瑟拉節Dassera(證交所休市)
10/23	匈牙利	Ann. 1956 Revolution(證交所休市)
10/23	香港	重陽節(證交所休市)
10/23	泰國	五世王升遐日Chulalongkorn Day(證交所休市)

來源:Cnyes鉅亨網→財經月曆

4. 期貨選擇權三大法人淨多空未平倉口數與持倉成本的變化

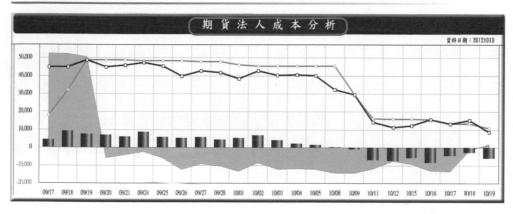

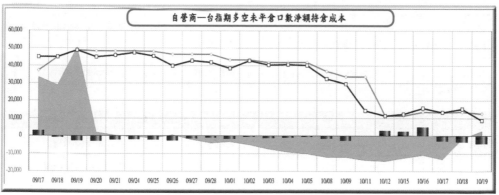

來源：Cmoney理財寶→財工達人→期貨法人成本分析

　　在台灣指數期貨市場中三大法人是相當有影響力的，若能針對其
未平倉部位淨額分析持倉成本和損益，就可以了解其未來可能的動態
增加對於多空判斷的依據。

　　1.法人持倉成本可以做為支撐(當多空未平倉淨額為正時)或是壓力

(當多空未平倉淨額為負時)的判斷,多空未平倉淨額越大其支撐與壓力的意義越大。

　　2.在接近結算日時,若多空未平倉淨額為正且持倉成本大於結算價,則法人有可能會拉抬結算價;反之在接近結算日時,若多空未平倉淨額為負且持倉成本小於結算價,則法人有可能會壓低結算價。

　　3.當未實現損益獲利很大時法人可能會傾向獲利了結,而當未實現損益虧損很大時法人則可能會傾向停損。

	狀況1	狀況2	狀況3
外資未平倉	多單持續增加	變動不大	空單持續增加
漲跌/多空	中長期多頭趨勢	盤整趨勢	中長期空頭趨勢

	狀況1	狀況2	狀況3
自營未平倉	多單持續增加	變動不大	空單持續增加
漲跌/多空	短期多頭趨勢	盤整趨勢	短期空頭趨勢

	狀況1	狀況2	狀況3	狀況4	狀況5	狀況6
持倉成本	多單<台指期	多單接近台指期	多單>台指期	空單<台指期	空單接近台指期	空單>台指期
漲跌/多空	持倉成本為支撐	偏多氣氛	偏多氣氛	偏空氣氛	偏空氣氛	持倉成本為壓力

	狀況1	狀況2	狀況3	狀況4	狀況5	狀況6
未實現損益	多單獲利大	多單損益小	多單虧損大	空單獲利大	空單損益小	空單虧損大
漲跌/多空	偏中性氣氛	偏多氣氛	偏空氣氛	偏中性氣氛	偏空氣氛	偏多氣氛

5. 期貨的正逆價差與選擇權隱含波動率高低變化

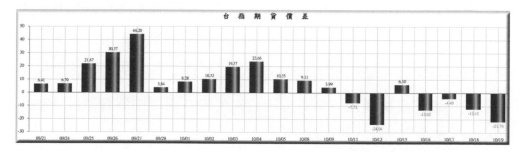

來源：Cmoney理財寶→財工達人→台指期貨選擇權分析

台 指 選 擇 權 分 析

選擇權五檔			加權指數				台指近月期貨指數		買賣權	法人	BUY (增減)	Sell (增減)	Total (增減)
Call				Put			現貨收盤價	7409					
履約價	OI	隱含波動率		履約價	OI	隱含波動率	每日結算價	7387	CALL	外資	134,261	75,166	59,095
6900	229	0.00		6900	21,874	16.94	價 差	-21.76			5,281	3,849	1,432
7000	643	0.00		7000	26,316	16.56	未平倉合約數	47,209		自營	54,247	60,916	-6,669
7100	406	10.10		7100	23,672	15.92	最大OI序列台指選擇權				2,110	9,016	11,126
7200	3,287	11.62		7200	31,550	15.50	履約價	OI		投信	0	124	-124
7300	3,903	12.02	7409	7300	25,723	15.50	CALL 7700	36,385			0	0	0
7400	10,274	12.22		7400	18,255	15.34	PUT 7200	31,550	PUT	外資	117,503	73,930	43,573
7500	22,307	12.36		7500	9,819	15.69	P/C ratio				3,760	3,791	-31
7600	31,604	12.46		7600	4,648	16.24	日期 未平倉量 成交量			自營	68,753	50,928	17,825
7700	36,385	12.33		7700	7,658	16.90	20121019 0.9298 0.9452				4,742	3,193	1,549
7800	36,262	12.44		7800	1,251	18.23				投信	0	0	0

來源：Cmoney理財寶→財工達人→台指期貨選擇權分析

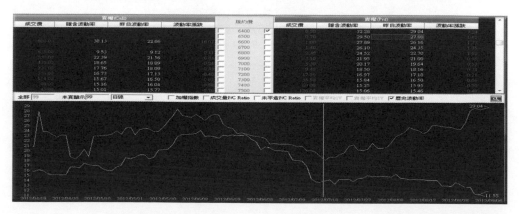

來源：XQ全球贏家

　　價差表示市場對台股後市的看法，正價差看多、負價差看空，價差也會隨著市場看法的轉變而波動，隱含波動率顯示市場對未來波動度的預期，也可以視為市場的情緒指數，若波動率高於平均許多，表示市場認為之後波動的程度會很大，充滿不確定性及風險，也可能表示目前市場充滿樂觀或恐懼心理，這兩項都是觀察市場看法以及動向的參考。

	狀況1	狀況2	狀況3	狀況4
價差	正價差放大	正價差收斂	負價差放大	負價差收斂
漲跌/多空	偏多氣氛	偏中性氣氛	偏空氣氛	偏中性氣氛

	狀況1	狀況2	狀況3
隱含波動率	<20%	20%-40%	>40%
漲跌/多空	趨勢持續發展	市場開始樂觀或悲觀預期，趨勢持續發展但風險提高	市場預期偏向過度樂觀或悲觀，趨勢尾聲

6. 國際重要國家指數漲跌變化(周、月、季)

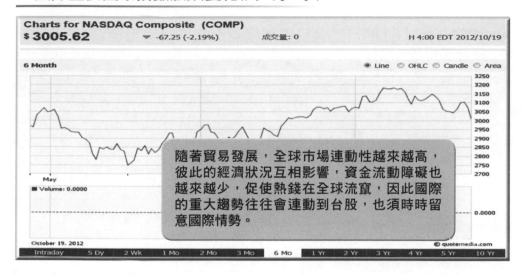

來源：鉅亨網

7. 未來加權指數除權息點數的影響

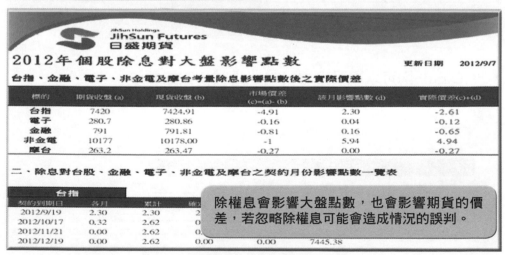

來源：日盛期貨

8. 未來經濟成長率預估與加權指數本益比預估

▶ **觀察最大O.I區間可推測目前市場認為指數最有可能波動的區間**

台指選擇權分析

選擇權五檔 Call 履約價	OI	隱含波動率	加權指數	Put 履約價	OI	隱含波動率
6900	229	0.00		6900	21,874	16.94
7000	643	0.00		7000	26,316	16.56
7100	406	10.10		7100	23,672	15.92
7200	3,287	11.62		7200	31,550	15.56
7300	3,903	12.02		7300	25,723	15.50
			7409			
7400	10,274	12.22		7400	18,255	15.34
7500	22,307	12.36		7500	9,819	15.69
7600	31,604	12.46		7600	4,648	16.24
7700	36,385	12.33		7700	7,658	16.90
7800	36,262	12.44		7800	1,251	18.23

台指近月期貨指數

現貨收盤價	7409
每日結算價	7387
價差	-21.76
未平倉合約數	47,209

最大OI序列台指選擇權

	履約價	OI
CALL	7700	36,385
PUT	7200	31,550

P/C ratio

日期	未平倉量	成交量
20121019	0.9298	0.9452

法人選擇權買賣權分計

買賣權	法人	BUY(增減)	Sell(增減)	Total(增減)
CALL	外資	134,261	75,166	59,095
		5,281	3,849	1,432
	自營	54,247	60,916	-6,669
		2,110	9,016	11,126
	投信	0	124	-124
		0	0	0
PUT	外資	117,503	73,930	43,573
		3,760	3,791	-31
	自營	68,753	50,928	17,825
		4,742	3,193	1,549
	投信	0	0	0
		0	0	0

	狀況1	狀況2	狀況3
O.I區間	台指期在區間下緣徘徊	台指期在區間上下震盪	台指期在區間上緣徘徊
漲跌/多空	偏空氣氛	偏中性氣氛	偏多氣氛

來源：
理財寶→財工達人
→台指期貨選擇權分析

▶ **P/C ratio則可以觀察市場目前對指數多空的看法**

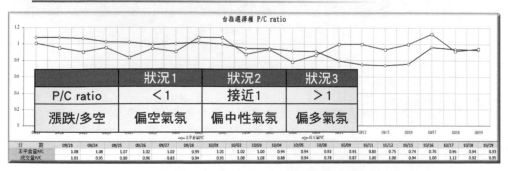

	狀況1	狀況2	狀況3
P/C ratio	＜1	接近1	＞1
漲跌/多空	偏空氣氛	偏中性氣氛	偏多氣氛

來源：理財寶→財工達人→台指期貨選擇權分析

▶ **觀察最大O.I區間可推測目前市場認為指數最有可能波動的區間**

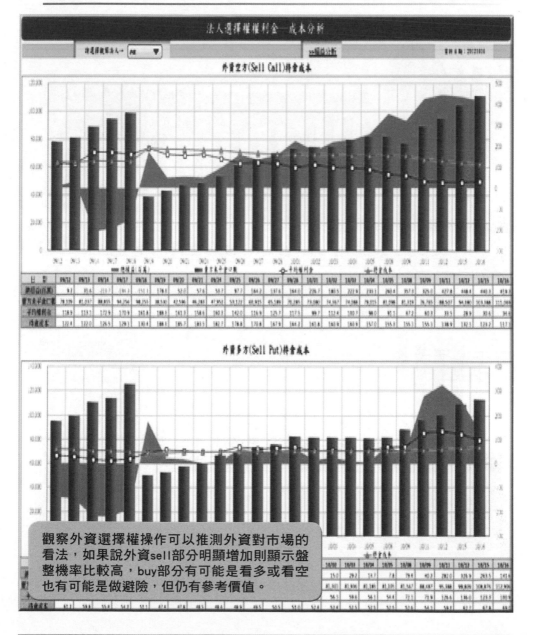

觀察外資選擇權操作可以推測外資對市場的看法，如果說外資sell部分明顯增加則顯示盤整機率比較高，buy部分有可能是看多或看空也有可能是做避險，但仍有參考價值。

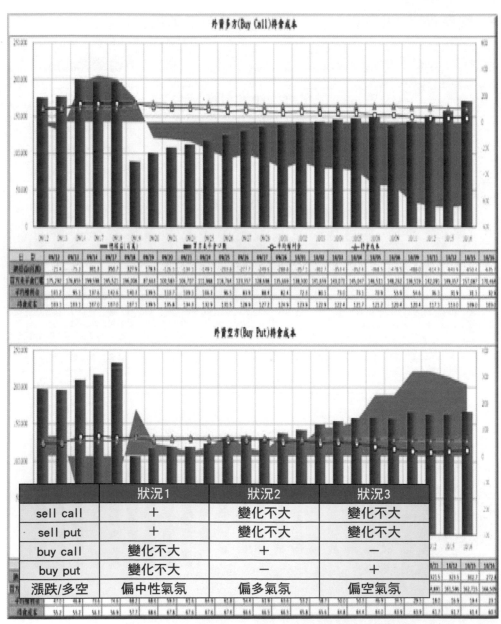

	狀況1	狀況2	狀況3
sell call	＋	變化不大	變化不大
sell put	＋	變化不大	變化不大
buy call	變化不大	＋	－
buy put	變化不大	－	＋
漲跌/多空	偏中性氣氛	偏多氣氛	偏空氣氛

來源：理財寶→財工達人→法人選擇權權利金成本分析

中長時間交易原則

1. 買進與賣出須依據有理性的依據與原則(上述的原則)

2. 買進與賣出部位的停損與停利設定與嚴格執行

3. 買進與賣出部位須全部平倉

4. 需要有快速買進賣出的交易平台

5. 需要有手續費低的期貨商

6. 交易完成後須檢討賺賠情形進行調整

從上述的原則來看，要進行一段時間(短中長)的交易，所要關心的是經濟基本面的變化、周月季三大法人融資券、八大行庫的買賣超、期貨選擇權未平倉口數及隱含波動率的變化等，從這些資料中整合出多空的影響，才能完整的判斷出漲跌多空的趨勢。

操作選擇權必懂的經濟指標有哪些？

「股市是經濟的櫥窗」，這句話是指所有投資人基於未來經濟的發展好壞預期透過股市的買賣交易所產生的價格漲跌。白話一點，就是大家如果預期未來經濟好股市就會漲，反之就會跌。所以，我們對於經濟指標的了解是相當重要的，而經濟指標有些是相當複雜難懂，一般人光聽到名稱就完全的不了解意思。其實對於一般投資人而言，是不需要完全懂艱深的經濟指標，不過也可以透過了解一些普通的重要經濟指標對於未來經濟的發展做一些預期判斷。

到底有哪些基本的經濟指標是一般投資人需要了解的呢？

必懂經濟指標 ① GDP成長率

國內生產總值（Gross Domestic Product，簡稱GDP），亦稱國內生產毛額或本地生產總值，是一個領土面積內的經濟情況的度量。

消費
＋ 投資
＋ 政府支出
＋ 出口
－ 進口
} GDP

必懂經濟指標 ② 失業率

意指未獲得任何有薪工作的狀態。

在經濟學範疇中，一個人願意並有能力為獲取報酬而工作，但尚未找到工作的情況，就被認為是失業。失業率是勞動人口裡符合「失業條件」者所佔的比例。

失業率愈高表示經濟狀況愈糟。

必懂經濟指標 ③ 通貨膨脹率

經濟學上，通貨膨脹率為物價平均水準的上升幅度（以通貨膨脹為準）。以氣球來類比，若其體積大小為物價水準，則通貨膨脹率為氣球膨脹速度。或說，通貨膨脹率為貨幣購買力的下降速度。

以 P1 為現今物價平均水準、P0 為去年的物價水準，年度通貨膨脹率可測量如下：

$$\frac{P1 目前的物價平均水準 - P0 目前的物價平均水準}{P0 目前的物價平均水準} \times 100\%$$

計算通貨膨脹率也有其他方法，例如以P1的自然對數，減去P0的自然對數，同樣以百分比表示。

必懂經濟指標 ④　利率

　　一般而言，經濟上有許多利率，例如：定存利率、貸款利率、重貼現率以偶及全球主要國家利率，如ECB利率、聯準會利率、中國大陸利率，公債利率，銀行間拆款利率等。

　　當各國把利率調整愈低，則代表經濟狀況愈不好。

全球關鍵利率表

主要工業國家關鍵利率表

更新日期：2012/07/30

國家	利率名稱	目前	升降基點(BP)	公佈日期	前次	升降趨勢
美國	聯邦基金利率(Fed Funds)	0-0.25%	-75	2008/12/16	1.00%	↓
	貼現率(Discount)	0.75%	+25	2010/02/19	0.50%	↑
	基本利率(Prime)	3.25%	-75	2008/12/16	4.00%	↓
日本	隔夜無擔保拆息利率(Target UC O/N)	0-0.10%	-20	2010/10/05	0.10%	↓
	貼現率(Discount)	0.30%	-20	2008/12/19	0.50%	↓
英國	再回購利率(Repo)	0.50%	-50	2009/03/05	1.00%	↓
歐元區	再融資利率(REFI)	0.75%	-25	2012/07/05	1.00%	↓
瑞士	3M LIBOR目標利率	0.00-0.25%	-50	2011/08/03	0.00-0.75%	↓
丹麥	2週存款證利率(2W CD)	0.45%	-15	2012/06/01	0.60%	↓
瑞典	再回購利率(Repo)	1.50%	-25	2012/02/22	1.75%	↓
挪威	銀行同業存款利率(Key Policy)	1.50%	-25	2012/03/14	1.75%	↓
加拿大	隔夜拆借利率(O/N Rate)	1.00%	+25	2010/09/08	0.75%	↑
澳大利亞	隔夜現金目標利率(O/N Cash)	3.50%	-25	2012/06/06	3.75%	↓
紐西蘭	官定現金利率(Official Cash)	2.50%	-50	2011/03/10	3.00%	↓

　　路徑：鉅亨網（www.cnyes.com）→金融→全球央行→全球關鍵利率

必懂經濟指標 ⑤ 　波 羅 地 海 指 數

　　波羅的海乾散貨指數或波羅的海綜合指數(Baltic Dry Inde×，縮寫作BDI)是航運業的經濟指標，它包含了航運業的乾散貨交易量的轉變。

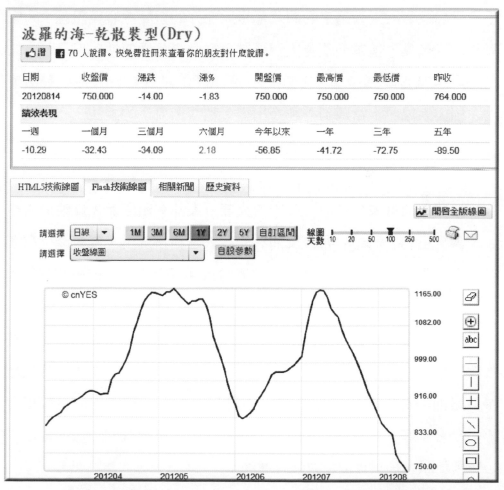

路徑：鉅亨網（www.cnyes.com）→期貨→航運指數價格

06　看電視的行情分析對交易有幫助嗎？

　　國內投資理財或是投顧老師節目相當多，提供的訊息與說法也相當的混亂。投資人到底是要參考還是不參考這些訊息呢？

　　訊息對股市是有一定程度的影響力，但是投資人到底要如何去分析與判斷訊息的真實性與參考性呢？

　　我想投資人先入為主的觀念都是大部分的新聞內容與訊息，大家都會信以為真，基本上不會去懷疑其真實性或是價值性；但是股市的訊息本來就是詭譎多端，並非每一個訊息都是具有參考性或是價值性。相信大家一定常聽到「利多出盡、利空出盡」的說法，有時候股市利多訊息很多，股市就一定會漲嗎？抑或是股市利空訊息很多時，股市就一定會跌嗎？

　　當利多消息未公布前，股市若大部分人都有預期而先反映於價格上，當真正利多消息公布後反而有一些人趁利多賣出，就會產生利多出盡的下跌現象。所以，真正有價值的訊息與資料是未被預期或是突然發布的消息，因為市場沒有預期，才會在發布時反應。

　　訊息的參考性與價值性是基於在訊息中所反映的預期與推估的邏輯性對與否來做判斷。簡單的說，若一般的投資名嘴或是報明牌只是將似是而非的新聞內容做重複性的說明或吹捧，其實價值性就相對低，參考就好，更有甚者只是有心人放利多消息出貨的作法。重點是如何判斷訊息是具有價值與參考性呢？

　　下列提供一些原則可以進行判斷。

(1) 股市指數多空判斷

　　股市指數的多空是投資理財節目與名嘴一定會談論的重點，但是股市指數每日的多空其實是很難判斷得很精準。一般而言，只能針對一段時間(周、月)或是區間進行趨勢的研判。當然，趨勢判斷應該基於一些數據化的經濟指標、資金變化、買賣超金額、國際經濟數據、期貨選擇權多空部位等相關數據，配合邏輯性的推演說明才是較具嚴謹的看法。若是只有依據片面的多空消息面或是似是而非的說法，這樣的多空看法的參考性就比較低，因為這大部分都是心中已有一個多空看法，然後再找理由與消息做片面說明而已。

(2) 個股多空行情判斷

　　個股推薦也是各投資理財節目與名嘴談論的重點。台灣上市櫃股1～2千檔，要挑選時機點買賣股票其實很難。國內散戶心中最希望的是每次都能買到低點賣在高點，當然更希望能買到股票後連續漲停，這些偶爾會有一兩次機會發生。但是，有些投顧老師名嘴會推薦買進連續漲停的股票，可是有一些公司股價雖漲，營收卻衰退、虧損連連，這種公司雖然天天漲停，但基本面與公司獲利有問題，股價漲只是炒作而已不值得參考與羨慕。當然，若是有依據公司營收、新產品研發、獲利能力、預估獲利與營收、技術分析及籌碼成本分析整體來進行股票多空買賣判斷，這樣的推薦才具有參考的價值。

7章

OPTION

準備5000元開戶了！

01 到哪裡買選擇權？

對於剛開始要投資交易選擇權的人來說，選擇好的期貨商也是相當重要的因素。好的期貨商除了交易機制有保障之外，對於交易資訊、研究報告及買賣時機點的推薦都有比較好的品質。那要如何選擇交易商及如何開戶呢？

▷ **如何選擇交易商？**

投資人交易台指選擇權時，必須透過期貨商進行交易；目前國內有專營期貨商、兼營期貨商與期貨交易輔助人等都有經營選擇權經紀的業務，還未開戶的投資人可以依據自己的需求了解後，選擇適合的交易商開戶。

(1) 專營期貨商

專營期貨商凡是經主管機關核准的衍生性商品（包括國內外）均可承作，因此交易人在專營期貨商處下單，可以交易比較多種類的商品。

(2) 兼營期貨商

證券商兼營期貨業務，依其申請項目只能承作證券相關期貨業務（如股價指數期貨經紀業務）。

(3)　期貨交易輔助人

期貨交易輔助人可以承作證券相關期貨業務，所謂期貨交易輔助業務，包括招攬、開戶、接單及轉單，因期貨交易輔助人不能與期交所直接連線，故委託的執行須轉由他所委任期貨商進行。

▷　交易人如何選擇優良的期貨商？

期貨交易人於選擇期貨商時，應注意期貨商是否具備合法的營業許可以及過去有無違規紀錄(例如是否遭到主管機關之記缺點、警告等)。交易人也可以透過證交所、期交所公告的重大資訊及報紙媒體所揭露的資訊以便在開戶前充分瞭解相關資訊。

另外，不妨多參觀幾家期貨商，並和營業員說說話，詢問期貨交易相關事宜，瞭解期貨商及業務人員的素質後，再選擇合適的期貨商。

查詢合法登記的期貨商與期貨商過去是否有違規紀錄，均可以上中華民國期貨業商業同業公會網站(www.futures.org.tw)。

▶ 查詢合法登記的期貨商

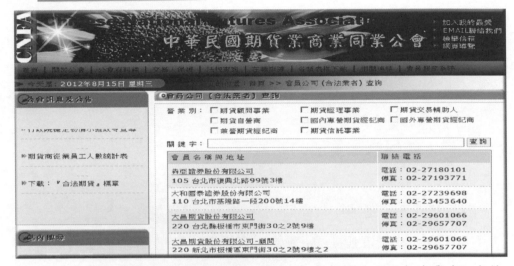

路徑：中華民國期貨業商業同業公會網站→會員公司（合法業者）查詢

▶ 期貨商過去是否有無違規紀錄查詢

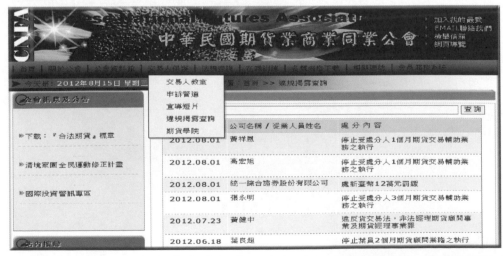

路徑：中華民國期貨業商業同業公會網站→交易人保護→違規揭露

02 想開戶，不知道自己的條件合格嗎？

期貨商管理規則第25條與台灣期貨交易所業務規則第47條，對選擇權交易人開戶資格均有所限制。一般說來除以下各款情事外，都可以按照規定在合格的期貨商處開戶。

下列對象，期貨商不可以接受投資人委任開戶
(1)年齡未滿二十歲者。
(2)受破產之宣告未經復權者。
(3)受禁置產之宣告未經撤銷者。
(4)法人委託開戶未能提出該法人授權開戶之證明書者。
(5)期貨主管機關、期貨交易所、期貨結算機構、期貨商業同業公會及全國期貨商業同業公會聯合會之職員及聘雇人員。
(6)政府機關、金融機構及公營事業之出納人員。
(7)曾因違背期貨交易契約經期交所轉知各期貨商在案未滿五年或雖滿五年但未結案者。
(8)曾違反證券交易法或期貨交易法規定，經司法機關有罪之判決確定，或經主管機關通知停止買賣證券或期貨有案，其期限未滿五年者。
(9)期貨商自行買賣未經主管機關許可者。

03　開戶文件要注意什麼？

　　有關開戶的文件，一般自然人應依期貨商規定備妥身分證明文件，並填寫期貨商提供的開戶資料。若為法人開戶時，應檢附法人登記證明文件影本，合法的公司授權書及被授權人身分證正本辦理。兩者均需填寫期貨商提供的開戶資料，包括開戶申請書暨信用調查表、受託契約、風險預告書、期貨交易人開戶資格證明文件、印鑑卡、開戶聲明書等，期貨商並應指派專人就契約內容、期貨交易程序解說後，才可以交由客戶簽章並加註日期存執，所以期貨交易必須親自開戶，不可委託他人辦理，這是期貨開戶與證券開戶最大的不同。

　　期貨開戶文件中最重要的就是受託契約與風險預告書。

　　根據期貨商管理規則及受託契約準則之規定，期貨商在他受託契約中應載明事項計有二十一項，其中較為重要的包括有關通知繳交追加保證金之方式及時間、強制平倉的標準等條款。

　　為避免未來交易時發生糾紛，客戶應詳閱受託契約之內容以了解權利義務，以免因未依約補足保證金致遭期貨商代為平倉而對簿公堂。

　　至於風險預告書則是期貨商提供期貨交易人有關期貨交易風險的說明書，內容包括期貨交易的財務槓桿效果、保證金權利金的繳交、市場風險等，目的在使交易人了解期貨交易風險。

　　相關內容請上中華民國期貨業商業同業公會網站(www.futures.org.tw)下載最新資料。

▶ **期貨交易風險預告書**

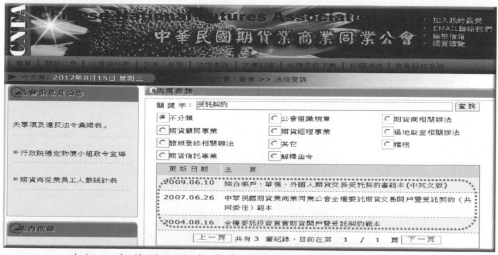

路徑：中華民國期貨業商業同業公會網站→法規查詢

▶ **期貨受託契約書**

路徑：中華民國期貨業商業同業公會網站→法規查詢

買賣選擇權如何「入金」與「出金」？

　　不同於股票的交易，投資人可以先買進股票，T+2交割日再支付股款，選擇權的交易屬於保證金交易，也就是說，投資人即使已經開戶了，若沒有依規定將足額的保證金先匯入指定的保證金專戶，是無法進行交易的。而投資人將現金存入選擇權保證金專戶的這一個動作就叫「入金」，相對於投資人將選擇權保證金專戶匯出到你所指定的戶頭，那個動作就叫「出金」。

　　國內期貨選擇權的入金流程如下：

投資人

五種入金方法

① 親臨銀行櫃檯
② 跨行匯款
③ ATM轉帳
④ 電話語音轉帳
⑤ 網路銀行轉帳

選擇權保證金專戶

選擇權銀行介面

選擇權後台系統

投資人交易帳戶

將現金存入選擇權保證金專戶的方法則有下列五種：

保證金匯入方法 ① 　親臨銀行櫃檯

親臨銀行櫃台辦理的好處是入金快速且不需任何手續費，但缺點是投資人得親自到期貨公司(通常交易大廳有銀行簡易櫃檯)。

保證金匯入方法 ② 　跨行匯款

跨行匯款的優點是，不需要一定得到期貨公司指定的銀行窗口，只要任可金融機構都可以辦理。但它的缺點很多，一來，投資人仍然得親自到銀行跑一趟；另外，依據各家銀行的規定不同，跨行匯款得收取30～100元的手續費。若頻繁匯款很不划算，最麻煩的還是它入金的速度很慢，若是跨縣市的匯款，有時得等上數個小時。

保證金匯入方法 ③ ＡＴＭ 轉帳

ＡＴＭ密度高，很容易就能辦理入金事宜，而且入金速度快，對投資人而言十分方便。不過，除非事先跟銀行約定轉帳，否則每次轉帳最高只有3萬元。它的缺點是每次轉帳得收大約13元的手續費。

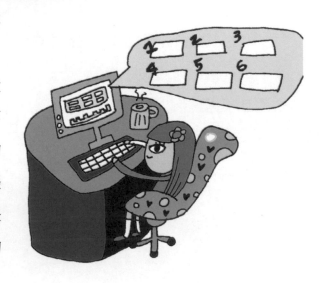

保證金匯入方法 ④ 電話語音轉帳

電話語音轉帳十分便利，而且快速，只要有手機也能執行，但要享受這項便利，得事先向銀行辦理約定電話轉帳。轉帳費用則依不同行庫的收費標準，缺點則是並非每家銀行都有這項功能，有些行庫電話語音轉帳只限自家行庫。

保證金匯入方法 ⑤ 網路銀行轉帳

　　網路銀行轉帳優點是快速，但要享受這項便利，得事先向銀行辦理約定網路轉帳。轉帳費用則依不同行庫的收費標準，缺點則是並非每家銀行都有這項功能，有些行庫網路轉帳只限自家行庫。

　　另外，需要注意的是，並不是只要戶頭有足夠的餘額，任何一個帳戶都可以把錢匯入指定的選擇權保證金專戶。期貨商因應主管機關的規範，自95年9月1日起，投資人存入保證金專戶的匯出帳號，最多只能三個，而且得事先跟期貨商提出申請才可以。

　　例如，小王原先在第一銀、玉山銀、富邦銀、郵局、中國信託等五家金融機構均有戶頭，這個月他在元大京華期貨公司開立了一個期貨選擇權的帳戶，期貨公司提供了一個保證金專戶。由於當初小王只申請由中國信託銀行匯入保證金專戶的約定，因此，即使他現在想要從自己第一銀行的戶頭將錢匯入保證金專戶也不行。

　　小王心想，那就跑一趟期貨公司，把手上的五個銀行帳戶通通設定為約定匯款帳戶好了，這是不行的，因為小王最多只能約定三個銀行帳戶做為匯入保證金的帳戶。

Question **05** **買賣選擇權如何下單呢？**

投資人下單的方式一般而言包括幾個方式：親臨櫃台、電話、傳真、電話語音、網路等方式來進行。實務上，目前大部分投資人考慮成本與速度問題，大多透過網路下單方式進行。例如：電腦網路下單、智慧型手機下單、平板電腦下單等方式進行，除快速方便外，另外手續費也比較便宜。

依規定投資人於交易選擇權之前，需先匯入買賣保證金。例如，想買賣一口選擇權保證金，就必須先匯入一定金額之保證金（建議多匯一些，可減少因短期大跌，跌破維持保證金被斷頭的風險），匯入應有的交易保證金金額後，請先打電話給營業員確認是否已入金（匯入保證金），確認後，就可以下單了。

下單方式 ① 人 工 下 單

所有客戶人工下單時，須先下單給所屬單位的營業員後，營業員透過KEY IN人員將委託單鍵入期貨商交易的主機，再將委託送至期交所撮合。

下單方式 ② 電 話 下 單

直接撥打電話給營業員，向他說明買賣的相關資料。例如，買進（賣出）12月份履約價序列8000的台指選擇權（買權或是賣權）幾口，價位幾元，營業員接到委託後會儘速為投資人下單到期貨交易所進行

撮合。

　　但下單之前，電腦會自動檢查投資人的帳戶是否有足夠的保證金，若保證金不足，將無法下單。

下單方式 ③ 網路下單

　　客戶網路下單，是經過期貨網路下單平台，不需透過營業員，客戶可即時下單。直接將委託送至期貨交易主機，再將委託送至期交所撮合。

　　投資人可於期貨商的網站直接點選「選擇權」下單，輸入個人的開戶帳號及密碼確認後，即可進行網路委託下單。

　　同理，網站上的各項功能皆與實際下單模式相同，投資人需先確定有足額的保證金才可進行委託，否則系統將無法接受委託。

　　下單前請先確認委託單資料，委託成功後該委託將直接送至期貨交易所進行撮合。若需要刪除委託，則可至刪除功能選項中執行要刪除的委託單；但若已成交，委託單將無法刪除。

Question **06** 委託單有好多種類，怎麼填？

打開選擇權下單介面，一般都可以看到類似的畫面。

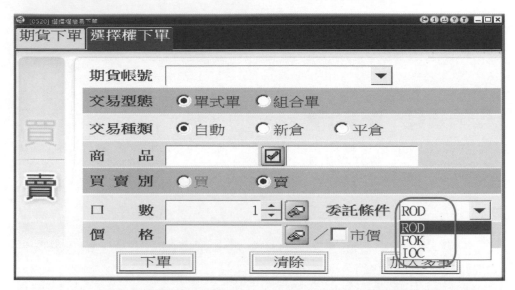

來源：台灣工銀證券E快客下單系統

先說交易型態分為「單式單」與「組合單」。

單式單：一次只買進或只賣出一種選擇權商品。

組合單：同時買賣多個單式商品，組成一個交易策略，創造獨特的損益型式。

再來解釋「限價單」與「市價單」。

限價單：限定在一定的價格成交，但有對交易者更為有利的價格也會成交。例如，莉莉採買進買權，用限價單下在80元，若價格跌到70元，系統也會成交買進(因為這是對交易者更有利的價格)。

市價單：以目前市場上的價格成交。不管價格是多少都會去追，如果在市場變動迅速時，成交到的價格可能會跟想像中差很多。

委託條件，共有三種方式：

(1) ROD(Rest of Day order 或Day Order)：當日有效單。

(2) FOK(Fill or kill order)：委託的數量須全部且立即成交，否則取消。

(3) IOC(Immediate or cancel，或稱FAK)：立即成交否則取消。

委託條件的原則有以下7點：

1 期貨的委託條件皆為ROD單，故委託時不需說明其委託條件。

2 交易選擇權商品，若為單式商品，委託條件可為ROD或FOK或IOC。

3 交易選擇權商品，若為複式商品，委託條件可為FOK或IOC。

4 交易選擇權商品委託條件為ROD時，只接受限價單。

5 交易選擇權商品委託條件為FOK或IOC時可為市價單或限價單。

6 交易選擇權商品委託時，一定要勾選新增(OPEN)或沖銷(CLOSE)

7 選擇權可以容許相同的商品同時存在買方和賣方，不會自動沖銷，所以下單時要注意新增或沖銷。

▷ **組合單的下單方式**

投資人選擇組合單的下單方式，為先將組合的買權賣權的契約價格、數量調整好，然後一次下單交易。其中組合單分為：價差交易、跨月價差交易、跨式組合、勒式組合及轉換／逆組合。

價差交易 ─── 冒 有 限 風 險 賺 取 兩 個 序 列 之 間 的 價 差

(1)多頭買權價差：	buy	七月	8000	買權
	sell	七月	8500	買權
(2)多頭賣權價差：	buy	七月	8500	賣權
	sell	七月	8000	賣權
(3)空頭買權價差：	buy	七月	8500	買權
	sell	七月	8000	買權
(4)空頭賣權價差：	buy	七月	8000	賣權
	sell	七月	8500	賣權

跨月價差交易 — 利用遠近月時間價值消耗速度不同賺取價差

buy	八月	8000	賣權
sell	七月	8000	賣權

跨式組合 — 類似勒式但可藉由調整履約價調整權利金收支

(1)買進跨式：

buy	七月	8500	買權
buy	七月	8000	賣權

(2)賣出跨式：

sell	七月	8500	買權
sell	七月	8000	賣權

勒式組合 — 大漲大跌都能獲益

(1)買進勒式：

buy	七月	8000	買權
buy	七月	8000	賣權

(2)賣出勒式：

sell	七月	8000	買權
sell	七月	8000	賣權

轉換/逆轉組合 — 組合出類似期貨的損益

(1)轉換：

sell	七月	8000	買權
buy	七月	8000	賣權

(2)逆轉：

buy	七月	8000	買權
sell	七月	8000	賣權

Question 07 **對帳單裡的「權益數」是什麼？**

選擇權的交易不同於期貨，期貨每口的保證金固定，投資人只要以單純的進出價差計算即可算出損益，但選擇權的交易制度是買方支付權利金、賣方收權利金且繳交保證金；所以，投資人要查看自己交易的損益，要參考「權益數」。

什麼叫「權益數」？

簡單的解釋，權益數可以視之為保證金專戶裡的浮動餘額。

帳號	▼	重新查詢
約當幣別 :		NTT
可委託額 :		46.00
原始風險係數(%) :		4,600.00
追繳金額 :		0.00
本日餘額 :		0.00
本日權益數 :		46.00
昨日餘額 :		46.00
權利金額 :		0.00
平倉損益 :		0.00
帳戶出入金 :		0.00
日盤浮動損益 :		0.00
非日盤浮動損益 :		0.00
(今日異動) :		0.00
手續交稅 :		0.00
選擇權市值淨額 :		210.00
帳戶清算值 :		256.00
委託保金 :		0.00
部位保金 :		0.00
維持保金 :		0.00
可網路出金金額 :		46.00
查詢時間 :		11:12:18

來源：台灣工銀證券E快客下單系統

▷ **權益數與損益計算說明：**（以下範例不計手續費及交易稅）

・**進場時為買方**

　　美美進場時，帳戶權益數原有 10,000 元，她進場買進一口 8000 買權於 70 點，幾天後，美美平倉，賣出一口 8000 買權於 50 點。

　　那麼，美美買進買權時，權利金支出70 × 50 ＝ 3,500元 ，權益數變化是10,000 元 － 3,500 元 ＝ 6,500 元（權益數因支付權利金而減少）；賣出時收取權利金收入50 × 50 ＝ 2,500，因此權利金的變化是6,500 元 ＋ 2,500 元 ＝ 9,000 元（權益數因收入權利金而增加）。這筆交易的損益為 9,000 元 － 10,000 元＝ －1,000 元。

交易情況		權益數變化	交易損益
原始開始交易前	→	10,000 元	
進場買進一口 8000 買權 於 70 點	→	10,000 元 － 3,500 元 ＝ 6,500 元 （權益數因支付權利金而減少）	9,000 元 － 10,000 元 ── －1,000 元
平倉賣出一口 8000 買權 於 50 點	→	6,500 元 ＋ 2,500 元 ＝ 9,000 元 （權益數因收入權利金而增加）	
說明：雖然平倉時帳戶權益數較進場後所餘之權益數增加（增加之金額來自於平倉時賣出所收入之權利金），但實際該筆交易為虧損 1,000 元。			

・2.進場時為賣方

　　美美進場時，帳戶權益數原有 50,000 元。她進場賣出一口 8000 買權於 70 點（另需額外繳交保證金），幾天後，美美平倉，買進一口 8000 買權於 50 點，權利金收支 收入 70 × 50 = 3,500 元 支出 50 × 50 = 2,500 元。

　　那麼，美美賣出買權時，權益數變化為50,000 元 ＋ 3,500 元 ＝ 53,500 元（權益數因收入權利金而增加），之後平倉，權益數為53,500 元 － 2,500 元 ＝ 51,000 元（權益數因支出權利金而減少）。其交易損益 51,000 元 － 50,000 元＝ ＋1,000 元。

交易情況		權益數變化	交易損益
原始開始交易前	→	50,000 元	
進場賣出一口 8000 買權 於 70 點	→	50,000 元 ＋ 3,500 元 ＝ 53,500 元 （權益數因收入權利金而增加）	51,000 元 － 50,000 元
平倉買進一口 8000 買權 於 50 點	→	53,500 元 － 2,500 元 ＝ 51,000 元 （權益數因收入權利金而增加）	＋1,000 元
說明：雖然平倉時帳戶權益數較進場後所餘之權益數減少（減少之金額來自於平倉時買回所須支付之權利金），但實際該筆交易為獲利 1,000 元。			

恆兆文化有限公司 · PCHOME . 商店街

網址：http://www.pcstore.com.tw/book2000/

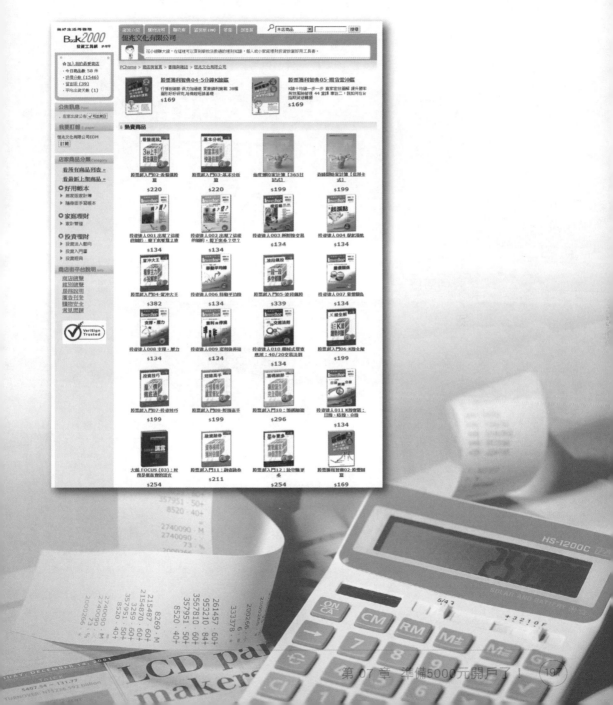

投資智典系列

股票獲利智典①
技術面篇
定價：199元

作者：方天龍

股票獲利智典④
5分鐘K線篇
定價：199元

作者：新米太郎

股票獲利智典②
股價圖篇
定價：199元

作者：新米太郎

股票獲利智典⑤
期貨當沖篇
定價：199元

作者：新米太郎

股票獲利智典③
1日內交易篇
定價：199元

作者：新米太郎

股票獲利智典⑥
超短線篇
定價：249元

作者：新米太郎

【訂購資訊】

http://www.book2000.com.tw

郵局劃撥：帳號/19329140 戶名/恆兆文化有限公司

ATM匯款：銀行/合作金庫(代碼006)/三興分行/1405-717-327091

貨到付款：請來電洽詢　TEL 02-27369882　FAX 02-27338407

電話郵購任選二本，即享85折　買越多本折扣越多，歡迎洽詢

投資經典系列

巴菲特股票投資策略
定價：380元

作者：劉建位 經濟學博士

儘管巴菲特經常談論投資理念，卻從不透露操作細節，本書總結巴菲特40年經驗，透過歸納分析與實際應用印證，帶領讀者進入股神最神秘、邏輯最一貫的技術操作核心。

作手
定價：420元

作者：壽江

中國最具思潮震撼力的金融操盤家「踏進投機之門十餘載的心歷路程，實戰期貨市場全記錄，描繪出投機者臨場時的心性修養、取捨拿捏的空靈境界。」

幽靈的禮物
定價：420元

作者：亞瑟・辛普森

美國期貨大師「交易圈中的幽靈」、「交易是失敗者的遊戲，最好的輸家會成為最終的贏家。接受這份禮物，你的投資事業將重新開始，並走向令你無法想像的坦途。」

財務是個真實的謊言
定價：299元

作者：鐘文慶

為什麼財報總被人認為是假的，利潤真的存在嗎？財務數字的真真假假看似自相矛盾的很多關係，都有合理的解釋嗎？當您知道這些謊言是怎麼形成時，謊言不再是謊言...

【訂購資訊】　　　http://www.book2000.com.tw

郵局劃撥：帳號/19329140 戶名/恆兆文化有限公司

ATM匯款：銀行/合作金庫(代碼006)/三興分行/1405-717-327091

貨到付款：請來電洽詢　TEL 02-27369882　FAX 02-27338407

電話郵購任選二本，即享85折　買越多本折扣越多，歡迎洽詢

投資好書
富足人生

貨到付款

享折扣＋免運費

訂購電話：
（02）27369882

購買恆兆圖書的 4 種方法

第 1 種
貨到付款　　　請打 02.27369882 由客服解說。

第 2 種
劃撥郵購　　　劃撥帳號　19329140
　　　　　　　　戶名　恆兆文化有限公司

第 3 種
上網訂購　　　請上 www.book2000.com.tw
（可選擇信用卡）

第 4 種　　　　銀行代碼 (006) 合作金庫 三興分行
來電或傳真　　銀行帳號 1405-717-327-091
由銀行 ATM 匯款　戶名　恆兆文化有限公司
　　　　　　　　電話　02.27369882
　　　　　　　　傳真　02.27338407

股票超入門 第 1 集
技術分析篇
定價：249元

K線、移動平均線還有常聽到投顧老師說的像是圓形底、M頭、跳空等等，初學者一定要會的基本技術分析功力，作者採圖解＋實例解說的方式為說明。是每一位初入門者必學的基本功。

股票超入門 第 2 集
看盤選股篇
定價：249元

新手常常面臨到一個窘境，明明已經練好功夫準備一展身手，一面對盤勢時……天吶，數字跳來跳去，股票又上千檔，我該如何下手呢？本書有詳細的步驟範例，教你看盤＋選股。

股票超入門 第3集

基本分析篇

定價：249元

主要是討論企業的財務報表與如何計算
公司的獲利能力與合理股價。雖然它不
像線圖或消息面那樣受到散戶的重視，
卻是任何一位投資者都必需具備的基本
功，就像打拳得先練內力一樣。

股票超入門 第4集

當沖大王

定價：450元

面對市場的詭譎不定，不少投資人最後
採取每天沖銷，既省事晚上又睡得好。
然而，做當沖比一般投資更需要技術，
尤其要完全摸透主力的心思。投資人需
要的是高手的實戰典範，而非理論。

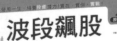

股票超入門 第5集

波段飆股

定價：399元

淺碟型的台股很難用國外長期投資的思
維進行交易，而對一般非職業的投資人
而言，短線又照顧不到，波段交易是最
常見的投資策略。不全採多頭思維，看
懂波段行情，一段一段多空都賺。

股票超入門 第 6 集

K線全解

定價：249元

K線，是初學股票者的第一塊敲門磚，但你過去所學的 K 線，有可能因為這本書而完全顛覆，最重要的原因是過去你所學的 K 線看圖法可能不夠「細」也不夠「活」，這是口碑超級好的一本書。

股票超入門 第 7 集

投資技巧

定價：249元

支撐與壓力的判斷、量與價的搭配，這兩大主題本書有詳細的解說。交易，不可能把把賺，但了解那一區塊是支撐那一區塊是壓力，其中成交量的變化如何，卻可以讓投資者大大提高勝率。

股票超入門 第8集

短線高手

定價：249元

本書著重在一位短線高手的「隔日沖」交易細節大公開，雖然這是一套很「有個性」的交易方法，但本書發行以來好評不斷，看到別人的交易方法，自己的交易思維可以進一步提升。

股票超入門 第10集

股票超入門 第9集

主力想的和你不一樣

定價：299元

作者以其自身的經歷與操盤經驗，白描他所認識的主力操盤思維。其中融合了一位與作者曾經很熟識的天王主力與作者訪問過的３０位法人主力。創新的內容，是台股投資人不可或缺的一本書。

籌碼細節

定價：349元

新聞可以騙、線圖可以騙、投顧老師更不乏騙子之徒，所以，只要是高手，沒有不必然看籌碼的。至於怎麼看？「細節」才是重點!活逮主力、輕鬆搭轎，就從捉住籌碼細節開始。

股票超入門 第11集
融資融券
定價：249元

新手搞半天還是對融資融券一知半解嗎?這是台灣股票書史上,目前為止對於融資融券的實務介紹得最完整、資料最新的一本書。此外,有關資、券實戰一步一步的教授,沒有20年的操盤功力是絕對寫不出來的。

股票超入門 第12集
放空賺更多
定價：299元

2011年初,作者從台股盤面的幾個訊號,就已經預告當年台股是「放空年」。
你知道放空時機如何掌握嗎?作者數十年的操盤經驗,教你如何捉準時機大賺放空財。

股票超入門 第13集

非贏不可

定價：399元

6個 投資逆轉勝的故事
沒有人天生就是交易贏家，編輯部以第
一人稱的敘述寫法，專訪六位期貨、股
票贏家，暢談他們從菜鳥期、學習期、
提升期到成熟期的交易心得與方法。

• 國家圖書館出版品預行編目資料

5000元開始的選擇權投資提案	/賴冠吉 著.
-- 台北市：	恆兆文化，2012.10
208面； 17公分×23公分	（i世代投資；3）
ISBN 978-986-6489-38-9 （平裝）	
1.選擇權 2.股票投資 3.股票分析	
563.536	101016256

i 世代投資系列 3：

5000元 開始的 選擇權投資提案

出 版 所　　恆兆文化有限公司
　　　　　　Heng Zhao Culture Co.LTD
　　　　　　www.book2000.com.tw
發 行 人　　張正
作 　 者　　賴冠吉
封 面 設 計　王慧莉
責 任 編 輯　尤美玉
插 　 畫　　韋懿容
電 　 話　　＋886-2-27369882
傳 　 真　　＋886-2-27338407
地 　 址　　台北市吳興街118巷25弄2號2樓
　　　　　　110,2F,NO.2,ALLEY.25,LANE.118,WuXing St.,
　　　　　　XinYi District,Taipei,R.O.China
出 版 日 期　2012/10初版
I S B N　　978-986-6489-38-9(平裝)
劃 撥 帳 號　19329140 戶名 恆兆文化有限公司
定 　 價　　新台幣 249 元
總 經 銷　　聯合發行股份有限公司 電話 02-29178022

• 著作權所有，本圖文非經同意不得轉載，如發現書頁有裝訂錯誤或污損事情，
　請寄回本公司調換。
ALL RIGHTS RESERVED.